멈춘 회사를 움직이는 회사로

강한 기업으로 가는 길

멈춘 회사를 움직이는 회사로

강한 기업으로 가는 길

발 행 일　2024년 7월 1일 초판 1쇄 발행
지 은 이　엄영하
발 행 인　김병석
편　　집　노지호, 윤주경
발 행 처　한국표준협회미디어
출판등록　2004년 12월 23일(제2009-26호)
주　　소　서울 강남구 테헤란로69길 5, 3층(삼성동)
전　　화　02-6240-4890
팩　　스　02-6240-4949
홈페이지　www.ksam.co.kr

KSAM 출판자문위원회
이석연 법무법인 서울 대표변호사, 헌법학자(前 법제처장)
이유재 서울대학교 경영대학 석좌교수
신완선 성균관대학교 시스템경영공학부 교수
표현명 한국타이어앤테크놀로지 사외이사(前 KT, 롯데렌탈 대표이사 사장)
배경록 前 씨네21 대표
한경준 前 한국경제신문 한경BP 대표이사
강명수 한국표준협회 회장(당연직)

ISBN 979-11-6010-069-3 03320
정가 18,000원

강한 기업으로 가는 길

엄영하 지음

KSAM

Chapter 1. **경영이란**
뛰어난 전략이라도 제대로 실행하지 못하면 실패한다

Chapter 2. **혁신의 자세**
매일 아침 눈을 뜨는 순간 혁신을 생각하라

Chapter 3. **혁신의 방법**
승리하는 유일한 방법은 혁신이다

Chapter 4. **경영의 알파와 오메가**
지속성장가능 경영은 사업장 안전과 영업력에 있다

| 영업 |

4차 산업혁명 시대에서
올바른 제조를 통해 강한 회사로

올바른 제조란 무엇일까요?

우리는 제조업의 기능적 이야기를 할 때 '올바른 제조'라는 이야기를 하는 경우가 종종 있습니다. 이 '올바른 제조'란 제대로 된 품질을 만들 수 있는 환경4M이 갖추어졌을 때를 이야기하는 것으로 '품질을 만들기' 위해 반드시 있어야 하는 기본 기능이 갖추어지면 저는 이것을 "제조의 참모습이 갖추어졌다"라는 말로 이야기 합니다.

필자의 회사는 과거 대량의 고객 클레임Claim과 내부 품질 문제 및 생산성 저하로 인해 경영의 어려운 시기가 있었지만, 임직원들과 함께 힘과 지혜를 모아 혁신활동을 한 결과, 경영위기를 극복하고 경쟁력 있는 강한 회사로 오늘날을 맞이했습니다.

지금까지 회사를 경영하면서 경험한 실전 사례를 모아서 책으로 남긴다면 모든 회사에서 경영 위기를 극복하고 미래경쟁력을 갖추는데 도움이 될 수 있겠다는 생각이 들었습니다.

이 책은 2011년부터 지금까지 올바른 제품을 생산하기 위해 한 회사의 CEO로서 기업을 경영하면서 제조 현장의 문제점들을 어떻게 개선하고 혁신해 왔는가에 대한 내용을 담고 있습니다.

또한 품질, 환경, 안전, 영업 등 회사 전반에 관한 문제점을 어떻게 찾아내고, 어떻게 혁신해 왔는가에 대한 개선방법에 대해서도 다루고자 했습니다.

부족한 내용도 있지만 평소 제가 생각해 오던 경영 철학과 혁신 방향Innovation Policy 그리고 앞으로 어떻게 해야 회사가 지속적으로 발전하고 꾸준하게 미래 경쟁력을 만들어 갈 것인지에 대해 서술하여 모든 회사 임직원들이 경영혁신의 전반을 쉽게 이해할 수 있도록 했습니다. 또한 제조가 무엇인지에 대해 일반적인 이론을 서술한 개론서가 아닌 회사를 경영하면서 현장을 혁신해 온 실제 사례를 중심으로 구성하고자 했습니다.

제조 기업의 임직원이라면 이 책을 읽고 제조의 기본 기능과 혁신이 무엇인지를 조금 더 쉽고 자연스럽게 느낄 수 있을 것입니다.

저는 당사는 현재보다 미래가 밝은 회사라고 항상 이야기합니다. 항상 미래가 밝은 회사로 남기 위해서는 현재 재직 중인 임직원뿐 아니라 신입사원들이 빠른 시간 내에 회사의 역사를 이해하고, 올바른 제조의 기본 기능을 보다 빨리 습득하고 체질화하여 미래의 인재로 성장해야 합니다. 그리고 회사 내부의 시스템과 프로세스를 더욱 견고하게 모니터링 하여 적재적소에서 실행할 수 있어야 합니다.

최근 4차 산업혁명이 세계적 이슈입니다. 4차 산업혁명이 앞으로 인류를 새로운 방향으로 이끌어 갈 것임에는 이론異論의 여지가 없습니다. 4차 산업혁명은 제조업뿐 아니라 수많은 분야들을 포함하는 거대한 흐름입니다. 필자 회사 또한 그 흐름에 뒤쳐지지 않도록 회사의 내부 시스템과 프로세스를 더욱 공고히 하고, 그 위에 4차 산업혁명을 접목하여 보다 큰 미래 경쟁력을 만들어 가고 있습니다.

끝으로 역사는 남이 만들어주는 것이 아니라 우리 스스로 만들어 가는 것입니다. 이 책이 모든 회사가 밝은 미래를 만들어가는 변화 과정에서 활용되어 강한 회사로 혁신하는데 있어 하나의 등대가 될 수 있기를 바랍니다.

2024년 6월 **엄영하**

Chapter 1

경영이란

뛰어난 전략이라도
제대로 실행하지 못하면 실패한다

01
경영은 계획과 실행이다

직장 또는 사회생활을 하는 우리는 크든 작든 매일 회사를 다니고 있고 집에서 보내는 시간보다 회사에서 보내는 시간이 많다. 잠자는 시간을 제외하면 회사에서 산다고 할 수 있을 정도다.

그런데 회사란 무엇일까? 사전적 의미로는 '상행위나 영리를 목적으로 상법에 근거하여 설립된 사단법인'이다. 즉, 영리를 목적으로 활동하는 집단이다. 회사에서 영리는 이익이다.

그렇다면 어떻게 꾸준히 이익을 만들 수 있을까? 이익을 만들어 내는 방법은 여러 가지가 있겠지만, 법의 테두리에서 꾸준하게 이익을 만들어 내기 위한 활동 수단이 바로 '경영經營'이다. 한자에서 볼 수 있듯이 경經은 '계획'을, 영營은 '실행'이라는 의미를 담고 있다.

그렇다. 우리는 회사에서 크든 작든 경영을 한다. 경영자로 표현되는 임원에서 사원에 이르기까지 매일 끊임없이 계획을 수립하고 실행을 한다. 어떤 조직은 계획은 거창한데 실행이 약한 용두사미龍頭蛇尾식 경영을 할 것이고, 어느 조직은 계획은 미약한데 실행은 강한 경영을 할 것이다. 이렇듯 우리는 끊임없이 경영을 하고 있다.

여기서 중요한 것은 최소한의 자원과 효율적인 방법으로 어떻게 최상의 결과를 내느냐, 또 이것을 어떻게 지속적인 경영이 가능하게 시스템과 프로세스를 구축할 것이냐에 따라 그 결과도 달라질 것이다. 한 가지 분명한 것은 정답은 없다는 것이다. 없는 정답을 어떻게 하라는 것이냐? 최선은 있다는 것이다.

무엇이 최선일까? 그러기 위해서는 현상과 현위치를 파악하는 것이 중요하다. "그 정도도 모를까"하는 생각이 들지 모르겠지만 실상은 그렇지 못하다. 누구나 쉽게 할 수 있다고 생각되는 현상 파악과 현위치인데 그리 간단하지가 않다.

'피터드러커'가 말했다. 경영은 인간에 관한 의사결정이다. 또 조직의 목적은 평범한 사람이 비범한 일을 할 수 있도록 만드는 것이라고 했다. 이러한 명제 속에 나에게, 우리에게 가장 취약점은 무엇이고 어떻게 개선개혁하고 혁신하면 되는지를 그동안의 경험을 바탕으로 실타래처럼 풀어가고자 한다.

02

경영에 정답은 없지만 최선은 있다

———

경영에 정답은 없다. 아무리 계획을 잘 수립해도 계획한대로 결과가 나오지도 않는다. 자칫 성과가 나쁘면 시장이나 환경의 문제로 치부하고 또 성과가 좋으면 본인들의 실력이라고 생각하고 치장하기를 좋아한다. 그러나 실적이, 또 눈에 보이는 것이 전부가 아니다.

그래서 경영이 어렵다. 회사의 규모와 상관없이 매년 우리는 계획을 수립하고, 그 계획을 달성하기 위해 실행계획을 짜고 또 짜서 실행에 옮긴다. 그런데도 계획대로 하지 못하고 결과도 목표를 미달하는 경우가 왕왕 있다.

왜 이런 결과가 나오는 것일까? 여러 가지 요인이 있을 것이다. 우선 조직에는 많은 사람들이 함께 계획을 세우고 실행하는데 이들의 생각이 모두 다른 경우도 있고, 하루아침에 경영환경이 변하는 경우도 있다. 또한 새로운 경쟁사가 나타나는 경우도 있고, 새로운 기술의 발전으로 우리 회사의 기술이 쓸모없어지는 경우도 있다. 예측하지 못했던 내부 문제 또는 품질 문제로 클레임이 들어오는 경우도 있고, 외부 환경이 나빠지는전쟁이나 지진 등 경우도 있다. 현실적으로 예측이 안되는 경우가 많고, 예측을 했다고 하더라도 순간의 방심으로 잘 나가던 회사가 하루아침에 파산 신청을 하는 경우도 뉴스로 보곤 한다.

이렇게 회사의 경영은 어렵다. 그러나 확실한 것 하나는 현재의 가장 취약한 부문을 찾아내고 바꾸어 가는 것이다.

과거 우리 회사도 아픔이 있었다. 잘 나가던 당사의 COFChip On Film 제품이 경쟁사의 추월로 하루아침에 2등으로 전락하고, 이후 퇴락의 길을 걸었던 시기가 있었다. 최근에도 당사가 절치부심하여 개발한 2-Metal COF(양면)라는 새로운 기술이 첫 해에는 좋은 결과를 냈지만, 고객사에서 경쟁 기술인 COPChip On Package라는 기술을 개발하여 당사의 기술과 제품이 채택되지 않으면서 위기를 겪기도 했다. 2016년 당시를 생각해 보면 정말 아찔한 순간이었지만, 경쟁기술에 다른 변수품질 문제가 발생하면서 짧은 기간이나마 위기를 극복할 수 있었다.

이렇듯 철저하게 계획을 수립하고 실행을 해도 다양한 내외부 요인에 의하여 전혀 뜻하지 않은 결과가 나올 수 있다. 그래서 경영은 어렵지만, 그렇다고 포기할 수는 없는 것 또한 경영이다.

그렇다면 어떻게 해야 하는 것일까? 방법이 전혀 없지는 않다. 필자는 다음 두 가지를 중요하게 생각한다.

첫째, 내부를 튼튼하게 만드는 것이다.

어차피 외부 환경의 변화는 누구나 겪는다. 물론 어떻게 대처하느냐에 따라 변화되는 환경이 유리하게 작용할 수도, 불리하게 작용할 수도 있다. 따라서 외부의 동향을 파악하고 대응하기 위해 대책을 강구하는 것은 너무나도 당연한 일이다.

상대적으로 우리는 내부의 환경을 소홀하게 생각하는 경향이 있다. 외부는 우리 마음대로 못하더라도 내부는 의지로 얼마든지 만들어갈 수 있음에도 불구하고, 내부를 개선하고 혁신하는 일에는 소극적인 자세를 취하는 것이다.

내부의 경쟁력을 강하게 만들어가는 것이 위기에서 살아남는 유일한 방법이라고 필자는 생각한다. 그러기 위해서는 '현재 우리의 강점은 무엇이고 약점은 무엇인가?', '강점을 더욱 잘 활용할 것인가?'와 '약점은 어떻게 극복할 것인가?'를 고민하고 대응해 가는 것이 경영의 중요한 요체가 된다고 생각한다.

아무리 운이 따라준다고 해도 위기가 왔을 때 사전에 준비가 안되어 있다면 도산될 수밖에 없다. 살아남았기에 강한 것이 아니라, 어떤 위기에도 살아남도록 평소 습관화된 노력이 중요하다.

둘째, 포기하지 않는 절실한 마음으로 더 열심히 뛰는 것이다.

조 지라드는 12년 연속 기네스북에 오른 세계 최고의 세일즈맨으로 처음으로 자동차 왕 헨리 포드와 나란히 미국 '자동차 명예의 전당'에 올라와 있다. 그는 고등학교에서 퇴학을 당한 뒤 온갖 허드렛일로 생계를 이어간다. 직업을 여러 번 바꾸고, 사기를 당하는 등 더이상 삶에 의욕도 없어 자살까지 생각하다가 멀리서 들려오는 한 가족의 웃음소리를 듣고 새로운 삶을 살겠노라 결심을 한다.

자동차 세일즈맨이 된 그는 '고객이 왕이다'라는 마인드로 비가 오나 눈이 오나 고객과의 약속을 절대 어기지 않고 찾아가 만났고, 영업을 하면서 축적된 노하우를 데이터화 했는데 이는 오늘날 모든 자동차 세일즈맨의 기본 교육 자료로 사용되고 있다. 그는 고객과의 미팅을 앞두고 마음이 움츠려들 때마다 이렇게 속으로 생각했다고 한다.

"나는 오늘 반드시 분유 값을 벌어 가야 한다. 이 계약은 반드시 따낸다!"

그는 절실함과 뜨거운 열정으로 자신의 인생을 통째로 바꾸었다.

> **경영자의 마음가짐** ___
> 필자는 "후회하지 않기 위해서 애초에 하지 말든가 했으면 끝까지 가야 한다. 가다가 그만두면 그때 하지 말았어야 하는 후회를 하게 된다"라는 글귀를 10년째 사무실 모니터에 붙여두고 초심을 잃지 않고 의욕을 새롭게 하고 있다.

03

경영은 위험관리이다

────────

일을 하다 보면회사 경영 아무리 예측을 하려고 해도 안되는 경우가 많고, 또 예측을 하고 리스크를 줄이고자 해도 주변과 시장의 상황은 늘 우리가 생각한 한계를 벗어나는 경우가 허다하다. 마치 우리가 아무리 주의해도 골프를 칠 때 위험Hazard에 빠지듯 경영도 여러 가지 위험에 빠지기 마련이다. 그러나 이러한 것이 두려워 소극적인 경영을 한다면 회사의 성장을 기대하기는 어려울 것이다.

타이거우즈는 파5 코스에서는 일부러 세컨샷을 2온을 노리고 치는데, 경우에 따라서는 그린 주변 벙커에 들어가도록 친다고 한다. 그린 주변 플레이 특히 벙커샷에는 자신이 있기 때문에 무난히 버디를 잡을 수 있다는 것이다. 2온이 되면 이글의 기회는 아니더라도 버디를 할 수 있는 것이 타이거우즈를 골프황제로 만들었을 것이다.

회사 경영에 있어서도 이러한 리스크위기를 성공의 기회로 만드는 것이 또 다른 능력이라고 생각한다. 즉 어떠한 경우에도 실패를 두려워하지 않는 분위기를 만들어야 창의적이고 진취적인 순발력을 만들 수 있을 것이다. 현대와 같은 기술의 발전과 고객들의 요구가 빠르고 다양할 때는 투자와 사업에 대한 위험이 많이 따른다. 리스크를 최소화하고 사업을 추진하기 위해서는 다음의 세 가지가 필요하다.

첫째, 고객의 니즈 파악

고객이 필요한 것이 무엇인가를 파악하는 것만큼 중요한 것은 없다. 어떠한 기술을 개발하고 사업화하는 것은 이익을 만들기 위함이다. 이러한 이익을 기대한다면 고객의 니즈가 중요하고, 그 니즈에 대한 분석이 필요하다. 이를 통해 고객의 니즈와 불만족, 비용 등을 파악하여 기술 개발과 차별화 포인트로 대응할 수 있어야 한다.

둘째, 아이디어를 통한 스피드한 기술 개발 및 대응

고객의 니즈가 파악되었다면 필요한 기술과 개발 아이디어, 투자, 인력, 설비 등을 따져 가능성을 파악한다. 특히 IT와 같은 사업군은 기술의 추이가 빠르게 변하기 때문에 고객이 필요로 하는 기술의 개발과 샘플의 공급이 적기에 이뤄지기 위해서는 혁신적인 아이디어를 바탕으로 한 발 빠른 기술 개발이 중요하다. 그러기 위해서는 회사의 모든 지혜를 동원하기 위한 내부 시스템과 개발 프로세스가 효율적이어야 한다. 아무리 아이디어가 좋아도 지혜를 모으는 시스템과 프로세스가 비효율적이면 단기간에 또는 고객의 니즈와 일정을 맞추는 것에 있어서 진행을 하더라도 성공할 확률이 떨어질 수 있다.

셋째, 품질(신뢰성) 확보와 납기일 엄수

품질신뢰성이 뒷받침되지 않는 제조와 부품 공급은 회사를 망하게 하는 지름길이다. 따라서 기술을 개발할 때 가장 중요한 것은 신뢰성을 확보하는 것이다. 통상적으로 개발단계에서는 신뢰성을 확보한다고 하지만, 4M이 변화하는 양산의 조건에서 신뢰성을 간과하는 경우가 많다는 사실을 잊어서는 안된다. 따라서 개발단계에서부터 입체적인 신뢰성 개념을 도입하여 개발과 양산 신뢰성을 확보하는 것이야말로 사업 성패의 핵심인자가 된다는 사실이다.

이상과 같이 세 가지니즈 파악과 아이디어, 스피드한 기술 개발, 신뢰성 확보를 들었는데 이러한 바탕 위에서는 얼마든지 신사업의 기회를 만들어 갈 수 있다고 생각한다. 그러나 이러한 능력은 누구에게나 쉽게 생기는 것은 아니다. 또 이렇게 하더라도 다른 위험에 빠지지 않도록 리스크 인자를 찾고 관리할 수 있어야 한다.

그러한 것은 내부의 노력에 있다. 미래 및 환경을 최대한 예측되도록 하고, 예측 가능한 경영을 위한 인자를 개발하자. 쉽지 않은 이야기이지만 이러한 활동을 위한 지속적인 노력이야말로 리스크를 줄이는 길이다.

04

경영은 안주하지 않는 혁신이다

———————

잘 만들어진 제품이라도 경쟁사의 새로운 진입이나 판가의 하락 등 시간이 지나면 경쟁력은 떨어지게 되어 있다. 경쟁력을 유지시키기 위해 수율 개선, 생산성 향상, 경비 개선 등에 힘을 쏟아 원가를 개선하는 활동을 하지만 이것도 일시적인 효과를 볼뿐, 시간이 지나면 제품의 경쟁력은 떨어지기 마련이다.

그런데 제품이나 기술력 또는 품질에 경쟁력이 떨어지고 있다는 생각이 들 때는 이미 늦다. 그래서 신기술이나 신제품을 도입하여 사업화를 하는 동시에 병행해서 추진해야 하는 것이 바로 '혁신'이다.

무엇보다 블루오션Blue Ocean을 유지해가기 위해서 중요한 것은 내부 원가 혁신으로, 적어도 혁신이라는 단어를 사용하기 위해서는 50%필자의 주장이지만 이상 원가를 개선시켜 새로운 부가가치를 올리거나, 기능적으로 기존보다 한 단계 업그레이드 하는 것이 되어야 혁신이라는 단어를 사용할 수 있을 것이다. 다시 말하면, 꾸준히 부가가치를 올리거나 회사나 기술의 미래가치를 올리는 일들이 혁신으로, 기업은 이러한 혁신 활동이 없거나 또는 중지되거나 퇴보되면 바로 급격하게 추락하게 되는 경우가 다반사다. 따라서 기업 또는 회사를 경영하는 한 혁신을 멈출 수는 없음으로 새로운 사업이 도입되면 그 순간부터 혁신이 함께 해야 한다는 것이다.

그런데 많은 기업들이 혁신 활동을 등한시하는 경우를 많이 본다. 앞날이 창창할 것 같은 좋은 기술을 가진 회사가 얼마가지 못하고 도산하거나 법정관리에 들어갔다는 이야기를 듣게 된다. 아무리 아이템이 좋아도 끊임없는 혁신을 하지 못하는 기업의 결과는 늘 같다.

스팀청소기 하면 '한경희 스팀청소기'가 떠오른다. 주부였던 한경희는 집안청소를 할 때 겪었던 불편함을 바탕으로 2년 만에 '스티미'라는 고온스팀 청소기를 세계 최초로 개발하여 출시하였다. 당시 스팀청소기는 혁신이었으나, 투박한 디자인과 낮은 브랜드 인지도로 시장의 반응은 싸늘하였다. 이를 극복하고자 디자인과 실용성을 높이고 제품 이름도 '한경희 스팀청소기'로 바꾸어 출시하여 첫해 1,000만대 이상을 판매하였고, 6년 동안 6배의 매출 성장을 이루었다. 하지만 이후 별다른 신제품 개발 없이 스팀가전에만 의존하였고, 경쟁사의 지속적이 신제품 출시로 경쟁력을 잃고 워크아웃 절차에 들어갔다.

1등을 지키는 기업은 혁신을 통해 늘 같은 자리가 아닌 새로운 사업 아이템을 도입하는 등 역동적인 모습을 보인다. 우리도 어떻게 하면 현재보다 나은 미래를 만들기 위해 중장기적으로 더 혁신할 수 있을까, 어떻게 하면 그러한 마인드를 기업문화로 만들어 갈 수 있을까를 고민해야 한다.

당사가 개발한 2-Metal COF(양면)Chip On Film, Main PCB(Printed Circuit Board)와 디스플레이를 연결시켜주는 부품으로 창작된 드라이버 IC를 통하여 상호 간에 전기적인 신호를 연결하여 화면의 색을 구현시키는 기능을 한다는 혁신의 좋은 사례로 세계에서 유일한 기술이지만 경쟁사가 진입하면서 독점적인 구조가 무너지게 되었고 험난한 고행의 길이 시작되었다. 사업 초기부터 나름의 준비를 했다고 했으나 경쟁사가 진입하였고 고객사가 우리 기술과 경쟁이 되는 새로운 기술을 채용하면서 물량이 줄어드는 어려움에 처하게 되었다.

이러한 어려움을 극복하기 위하여 시장의 니즈를 분석하고 새로운 기술을 개발하여 사업화를 하는 길은 가시밭길이었다. 당사의 비즈니스 모델 특성상 다층Multi-Layer COF 등의 기술 개발 선점과 상품화가 필요하다고 보고 3년 동안 기술을 개발하여 쓰임새를 만들어 갔으나 고객에서의 채용은 더디기만 했다.

이제 그 기술의 개발을 통해 고객의 채용이 조금씩 늘어나면서 앞으로 새로운 사업군으로 만들어 가고 있다. 지난번의 일을 거울삼아 앞으로의 새로운 사업은 늘 초기부터 혁신을 염두에 두고 사업을 전개하고자 내부의 혁신 시스템을 만들어 가는 것이 중요하다는 것을 다시 한 번 느끼고 있다.

그리고 대규모 투자가 필요한 장치산업의 경우, 한 번 투자한 설비나 제품을 생산하는 공정기술 변경은 혁신하기 어렵다. 어떤 것을 개선하고자 해도 많은 장치를 변경하는데 시간이 걸리고 또 변화를 싫어하는 고객의 승인을 받기도 어렵기 때문이다.

따라서 어떻게 고객과 또 협력회사와 함께 Win-Win할 것인가를 고민하면서 단기가 아닌 장기적인 관점에서 혁신의 이미지를 그리고 만들어가야 한다. 적어도 3년 또는 5년의 이미지를 그려놓고 그것을 위한 혁신을 사업 초기부터 시작해야 한다.

프로 바둑기사의 치밀함과 열정을 배우자

많은 회사가 매년 현장의 제조원가를 개선하는 과제에 힘을 집중한다. 이 목표를 달성하기 위해서는 개선과제도 중요하지만, 필자는 일하는 방법이 더 중요하다고 판단해서 일하는 방법에 대한 혁신을 주문해 왔다.

그것은 모니터링과 피드백으로 개선과제를 추진하는 과정에서 잘 진행되고 있는지 반드시 피드백을 하되, 과제를 수행하는 엔지니어는 PSAPlan- Study-Action를, 현장에서는 PDCAPlan-Do-Check-Action를 잘 활용해 과제의 완성도를 올려가는 것이 중요하다.

경영에서 중요한 것은 리스크를 줄이고, 리스크에 잘 대응하는 것이다. 그렇다고 단순히 리스크를 줄이는 쪽에만 방향을 맞추면 모든 일이 축소지향적이 될 수 있기 때문에 이 보다는 일을 하면서 발생할 수 있는 리스크를 사전에 효율적으로 관리하는 것이 중요하다.

바둑 프로기사들은 처음에 포석이라는 밑그림을 잘 그려서 상대와 세력에서 밀리지 않도록 균형을 잡는다. 그렇게 초반 포석이 끝나면 중반부터는 철저하게 집이익을 계산하면서 돌을 둔다. 돌을 하나둘때마다 집을 계산하는 습관을 들인다.

필자도 바둑을 좋아해서 가끔 두지만 아마추어로서 이해가 안되는 부분은 프로들의 해석을 들어보면 수긍이 가기도 한다. 프로들은 반 집 차이로 승부가 갈리고, 또 프로기사 정도 되면 이미 종반으로 들어가서는 두 집 차이를 만회할 수 없을 정도로 서로 상대방의 수를 읽고 대응을 한다.

회사 경영도 같은 맥락으로 볼 수 있다. 철저하게 분석해서 밑그림 시스템과 프로세스, 사업성 검토 등을 잘 그리고, 그림을 그린 후에는 잘 채우고 품질과 생산성, 영업의 P/O(Purchase Order) 등 색을 칠해가는 것이 중요하다. 이를 위해서는 회사에서 하는 모든 일과제을 수시로 들여다보며 치밀하게 일의 완성도를 올리는 것이 중요하다. 우리의 일에도 프로 바둑기사의 치밀함과 열정이 필요하다는 것이다.

최근 인터넷의 발달과 유튜브 등으로 쉽게 평소 바둑을 책으로만 보던 시대와 달리 참여형 바둑 문제풀이가 많아 종종 참여하고 문제를 풀어본다. 문제를 풀어가는 동안 시행착오가 많이 발생하지만 결국은 해결을 하게 된다.

우리 현장도 그렇게 예행연습을 할 수 있으면 좋으련만 현실은 그렇지 못하다. 즉 실패하면 시간과 돈과 기회가 다시 오지 않을 수 있기 때문에, 한 번 실패한 것에 대해서는 재발이 되지 않도록 철저하게 대책을 강구해야 한다. 실패에서 배울 수 있는 치밀함이 필요하다는 생각이다.

06
치밀하게, 더욱 치밀하게

———

경영에 있어 중요한 것이 특정한 대상과제에 대한 결단의 순간이라고 생각하기 쉽지만 사실 모든 일상이 경영에 있어 중요하다. 통상일을 함에 있어 일상적인 일은 습관적으로 진행되는 일이 많다 보니, 일하는 방법이 잘못되어 있음에도 불구하고 잘 모르고 지나가거나 또는 알고 있어도 문제라고 인식하지 못하는 경우가 많다.

안전에 대한 이야기로 사례를 들어보고자 한다. 당사는 매년 1회그룹사에서 안전진단을 한다. 당사 자체적으로도 2015년 3월 9일 염산가스 누출사고를 겪은 이후 대대적인 시스템과 프로세스 개편을 통해 안전을 모든 업무에 최우선함으로서 사고 없는 안전한 경영활동을 하고자 노력하고 있다. 매년 안전제안, 안전분임조 등을 통해 안전 의식을 제고하고 사원들 각자가 근무하는 현장을 더욱 안전하게 함으로써 종업원의 행복을 담보하도록 노력하고 있다. 올해도 안전진단을 받았는데, 각 계열사 대표들이 현장의 안전계단 높이가 너무 높은 것 같다는 의견을 주었다. 보통 안전을 고려해서 계단의 경우 30cm를 넘지 못하도록 하고 있다

아차! 싶었다. "나도 현장에서 느낀 사항인데 일부 구간에는 공간적인 제약으로 인하여 30cm가 넘는 곳도 있었다, 현장의 공간 제약 때문이라는 생각과 그동안 스스로 많은 개선을 잘 하고 있다는 안일한 생각으로 현실과 타협해왔구나!" 생각이 들었다.

현장에는 장치산업의 특성상 난간과 계단이 많이 존재한다. 그동안 개선을 해왔지만 일부 계단은 높이가 아직도 높았다. 계단이 높은 경우 부주의하면 사고가 발생할 가능성이 높아진다. 그래서 여러 차례 개선을 유도했지만 현장에서 계단을 만들 수 있는 공간의 문제로 더 이상 낮게 할 수 없다는 답변을 들었다.

그런 이야기를 듣다 보니 "나도 모르게 현실에 동화되어 이곳은 더 이상 개선의 여지가 없다고 생각하게 되었던 것은 아닐까?" 생각이 들었다. 이후 이 공정은 계단의 방향을 바꾸어 공간이 되는 곳으로 길게 함으로서 계단을 추가하고 낮게 개선을 하였다.

혁신이나 개선은 내 몸이 불편하다고 느껴야 한다. 이미 내 몸이 현실과 타협하여 습관화가 되면 불편을 느끼지 못하게 되고 개선할 의지를 잃게 된다. 경영도 마찬가지다. 일상화된 경영은 문제가 생겨도 인식하지 못하고 습관처럼 진행하게 된다. 그러면서 그것이 늘 최

선이라고 착각할 수 있다. 오히려 내 몸에 익숙하지 않은 것, 더욱 많은 생각을 요하는 것이 혁신의 첫걸음이고, 경영의 한 요소가 될 것이다.

당사는 화공化工약품을 많이 사용한다. 그렇기 때문에 사고가 발생하면 회사의 존립에 영향을 줄 수 있을 정도로 심각한 사고가 발생할 수 있음으로 현장은 늘 다른 곳보다 더욱 긴장감이 감돌도록 해야한다. 늘 긴장감을 느끼게 하는 방법 중 필자가 즐겨 쓰는 방법은 끊임없이 질문하는 것이다.

예를 들어 현장에 약품 유출과 같은 비상시에 사용하는 샤워부스 Shower Booth를 설치했다는 보고를 한다면, "비상시라 가정하고 실제 사용해보고 있는가?"를 질문한다. "그렇다"고 대답을 하면, "비상시에도 물이 잘 공급될 수 있는지 어떻게 확인하는가?"라는 질문이 끊임없이 이어져야 한다. 그러나 보통은 설치가 되었다는 것만으로 만족해하는, 겉으로 보이는 드러난 내용만을 가지고 판단하게 된다. 늘 만족하지 말고 끊임없이 질문하면서 부족한 것을 채워나가야 한다. 필자는 이것을 '치밀함'이라고 생각한다.

이러한 치밀함이야말로 경영에 꼭 필요한 요소이다. 간혹 너무나 치밀하여 빠르게 의사결정이 안되는 경우도 생기지만, 현대 경영의 수없이 많은 위험에 빠지지 않도록 하기 위한 노력으로 치밀함은 반드시 필요하다.

07
움직이는 과녁을 맞히는 방법

종종 사극에서 달리는 말 위에서 활을 쏘아 움직이는 사슴을 명중 시키는 장면을 볼 때가 있다. 그럴 때면 이런 실력을 소유하기까지 얼마나 많은 노력이 있었을까를 생각해 본다. 경험이 없는 필자로서 는 가늠이 안된다.

회사 경영도 그런 것 같다. 아무리 시장을 예측하고 맞추려고 해도 시장의 상황은 늘 변화하고 애초에 수립한 방향이나 목표에는 늘 상 반되는 결과가 만들어지곤 한다. 이렇게 어려운 목표를 설정하고 맞 춰가는 것이 경영이라고 생각한다.

다시 말해, 늘 움직이는 과녁시장을 맞추는 것이 경영이다. 그러기 위해서 늘 과녁을 예의주시하고, 내부의 모든 경영은 움직이는 과녁 을 향해 쏠 수 있는 준비를 늘 해두어야 한다. 평소 인재 양성훈련에 힘쓰고, 기술의 동향, 수주 물량의 패턴 및 변화, 경쟁사의 동향 등에서 정보를 예측할 수 있도록 각종 자원을 조직화하고 효율적으로 가동해야 한다. 어차피 외부요인은 늘 변화하게 되어 있으므로 내실을 다지면 그것은 경영의 밑거름이 되어 결과가 달라진다.

골프를 잘 치는 사람들은 대개 기초체력이 좋다. 이것이 안되어 있으면 어쩌다 잘되는 날이 있어도 꾸준하게 잘할 수 없다. 프로골프 선수들이 겨울에 기초체력을 다지기에 힘을 쏟는 이유일 것이다. 그 체력이 안되어 있으면 다음해 대회에서 좋은 결과를 만들어 낼 수 없는 것과 같은 이치다. 따라서 골프를 잘하기 위해서는 늘 기초체력을 다지고 꾸준한 연습이 뒷받침되어야 한다. 또한 '할 수 있다'는 마인드 컨트롤을 해야 한다. 자신을 믿어야 한다. 자신감은 조직 안에서 강력한 영향력을 행사한다. 하지만 자신에 대한 부정적 인식은 자신에게 남아 있는 열정마저 식게 만든다.

필자가 근무하는 회사는 과거 어려웠던 시절에서 벗어나기 위해 최근 수년간의 노력으로 내부를 튼튼하게 다져왔다. 그 노력의 결과물들은 결국 움직이는 과녁을 맞히기 위한 준비라고 할 수 있다. 치밀한 예측과 자신감을 바탕으로 한 공격적 마케팅은 물론이고, 앞으로는 외부환경을 더욱 치밀하게 예측하고 규모를 키워 이익을 더욱 늘려 나가야 한다.

경영도 마찬가지다. 움직이는 과녁을 맞히기 위해서는 기초체력에 해당하는 내부 시스템과 프로세스가 견고하게 되어 있어야 한다.

또 설비는 늘 양품을 만들 수 있도록 준비가 되어 있어야 한다. 이렇게 준비되어 있으면 저절로 '할 수 있다'는 자신감이 생긴다. 따라서 내부 경영 환경이나 요건을 튼튼하게 만드는 일이야말로 무엇보다 중요하다.

또한 제조에 있어 가장 중요하면서 간과하면 안되는 곳이 현장인데, 이곳을 움직이는 것은 사람이다. 따라서 현장에서 올바른 물건이 만들어지기 위해서는 올바른 사람의 육성이 중요하다.

이렇듯 경영의 핵심은 결국 사람의 육성, 즉 인재의 양성으로 귀결된다. 따라서 회사는 움직이는 과녁을 맞히기 위한 올바른 인재 양성이야말로 핵심이라는 사실을 간과하면 안된다. 지속가능한 경영을 위해 가장 중요한 것은 사람이기 때문이다.

사람이 곧 회사의 미래다. 현재는 어렵더라도 올바른 사람이 존재한다면 그 회사의 미래는 밝을 것이다.

08
내일을 예측하는 기술

우리가 미래를 알 수 있다면 하는 일에 있어 얼마나 의사결정이 쉬울까? 실제 회사의 다음해를 예측하고 목표를 설정하는 것은 앞이 잘 보이지 않는 안개 속에서 방향을 정하고 목표를 설정하는 것과 같은 개념이라고 비유하면 맞을까?

그러니 매년 내일을 예측해서 목표를 설정하고 실행하여 결과를 만들어 내는 것이 경영에서 차지하는 비중은 그야말로 중대한 또 중요한 능력이라고 할 수 있을 것이다. 가장 핵심기능의 하나라고 해도 무방하다고 본다.

그런데 이러한 핵심기능을 만드는 것은 쉬운 일이 아니다. 만들려고 해서 만들어지는 것도 아니고 또 쉽게 터득되는 것도 아니다. 여기에는 치밀함과 늘 일어날 수 있는 일들에 대해 관심을 두고 조사하고 분석해야 하는 인내가 필요로 한다. 또 예측한 기회를 잡았다고 해서 무턱대고 시작했다가는 낭패를 보기 십상이다. 수많은 고객의 요구를 반영하는 등 경우의 수를 조사하고 대응할 수 있어야 한다. 이러려면 인내와 끈기도 필요로 한다.

세계 최초의 스마트폰은 1993년 미국 IBM에서 개발하여 '사이먼 Simon'이라는 제품명으로 시중에 유통되었다. 당시 흑백의 터치스크린으로 전화통화와 이메일, 팩스 등의 기능을 가졌으나 시대를 너무 앞서나가 성공을 거두지 못했다. 이후 노키아에서 1996년 '노키아 9000'이라는 제품을 출시하였다. 사이먼 제품 기능에 웹서핑이 가능한 스마트폰이 개발된 것이다. 하지만 소비자들이 그 필요성을 느끼지 못하여 노키아 9000은 외면당하고 만다.

그리고 그로부터 10년 뒤인 2007년 스티브 잡스는 전화통화, MP3, 인터넷 커뮤니케이션 기능이 있는 '아이폰'을 출시하였다. 이후 출시되는 아이폰은 멀티터치 기능을 향상시키고 개발자들에게 개발 소프트웨어를 배포하여 다양한 애플리케이션을 무료 또는 구매하여 다운받아 사용할 수 있도록 하였다. 아이폰은 미래를 예측하는 혁신을 통해 다양한 고객의 니즈를 만족시킬 수 있었으며, 현재 사용하고 있는 스마트폰의 대중화를 이루게 하였다.

미래에 대한 예측이 가능하다면 이처럼 기회를 잡을 수 있는 가능성이 높아질 것이다. 그러나 애석하게도 주변의 환경을 예측하기란 어렵다. 또한 하루아침에 예측이 가능하도록 하는 첩경捷徑은 없다. 그러나 꾸준히 주변의 환경을 관찰하고, 방안을 강구하면 예측하여 적절하게 대응할 수 있다.

거시적인 측면이 아닌 미시적인 측면에서 당사의 예를 들어 보고자 한다. 당사에서 생산하는 COF는 투입에서 입고까지 2주 정도 리드타임이 소요되는데, 투입 후 입고 사이에서 제품 생산은 공정을 따라 진행되지만 앞으로의 결과 예측이 잘 되지 않고 있었다. 그래서 제조공정 중간과정을 알 수 있는 품질지표과정지표가 있으면 좋겠다는 생각이 들었다. 이에 투입에서 출하까지 리드타임제조시간이 2주일 이상 걸리는 제품의 경우 핵심공정에서 작업하면서 품질 수준을 알 수 있는 특성과 지표를 개발하고, 그것을 '과정지표'라고 불렀다. 이 과정지표의 트렌드를 읽으면 특수한 환경적 변수가 없는 한 앞으로 나올 제품의 품질 수준을 일정한 산포범위 내에서 알 수 있다.

앞으로는 영업지표 P/OPurchase Order를 16주간 입력하는 방법, 기술 분석을 바탕으로 시장의 재고를 분석하여 출하량을 조절하는 방법 등 다양한 지표를 개발하여 예측 적중률을 더욱 높일 계획이다. 물론 쉽지는 않다. 그러나 우리의 노력 여하에 따라 좀 더 좋은 여건을 만들 수는 있다. 경영에 정답은 없다고 했듯이 현재보다 조금씩 좋은 여건을 만들어가다 보면 정답가장 효율적인의 근사치에 갈 수 있다.

이것을 위해서는 근본을 만들어 주는 인자因子 관리가 필요하다. 그것이 품질이든 영업이든 마찬가지다. 품질의 스펙Spec 관리를 하듯 영업은 경영계획 대비 물량의 산포증가, 감소를 관리해야 한다. 앞으로 2~3개월의 수주를 미리 예측하여 경영계획 대비 물량의 증가 또는 감소가 예측되면 관련 조직에 경고Warning하여 대책을 세울 수 있도록 하고 영업은 물량을 만회할 수 있는 기회를 만들어야 한다. 즉, 경영계획 대비 수주가 늘어나고 줄어드는 것을 미리 경고하고, 관련된 부분의 자원Man, Machine, Material을 효율화하는 방안을 강구하면 좋을 것이다.

09

2등이 살 수 있는 길은 없다

———

　IT 시대에 2등 기업이라는 존재는 의미가 없다. 거대 기업에서의 2등은 나름 의미가 있겠지만 중소·중견기업에서 2등의 존재감은 아주 미약할 것이다. 뿐만 아니라 특히 한두 가지의 기술에 의존하는 기업의 경우는 자칫 경쟁사 또는 대기업에서 유사한 기술을 개발하게 되면 한순간 역사 속으로 사라지고 마는 미약한 존재일 뿐이다.

　우사인 볼트는 자타공인 전 세계 단거리 육상의 일인자다. 하지만 2등의 이름을 기억하는 사람은 거의 없다. 그도 역시 우사인 볼트와 같은 세계적인 선수임에도 말이다. 그래서 누구나 1등으로 올라서려고 안간힘을 쓰는 것이다. 그것이 꼭 회사 내에서가 아니라도 어느 한 분야, 한 부분이라도 1등이 되어보아야 왜 1등이 되어야 하는지를 느끼게 된다.

당사는 한때 가격 경쟁력에서 '2등으로 만족하는 회사'라고 스스로 이야기하던 시기가 있었다. 그러나 그로 인해 회사가 겪었던 고통이 얼마나 컸던가, 또 얼마나 많은 기회를 잃어 버렸는가를 생각하는 사람은 별로 없을 것이다. 그것을 기회비용으로 계산해 보면 그 크기에 많이 놀라게 될 것이다.

당시 회사 주력기술인 2-Metal COF(양면) 기술은 당사가 개발하고 시장을 만들어 온 제품이다. 점점 용도가 확대되어 사용하려는 고객사가 늘게 되자, 경쟁사가 본 사업을 하겠다고 투자를 시작했다. 하지만 경쟁사는 설비를 도입한지 2년이 되어 가는데도 불구하고 아직도 수율과 품질에 문제가 있어, 그로 인해 한 해에 300억이 넘는 비용의 차질적자이 발생한다는 이야기를 들었다.

반대로 우리 회사가 2등 전략을 구사하여 당사가 지금 본 사업에 진입하기 위해 얼마나 많은 기회손실비용을 발생시킬 것인가를 계산해 본다면 감히 사업을 시작하겠다는 의사결정을 하기 어려울 것이다.

그런데도 계속 2등 전략을 구사할 것인가? 혹시 당사의 다른 사업 아이템인 "1-Metal COF(단면)만 2등 전략을 구사할 것이다"라고 이야기하는 사람도 있을 것이다. 그러나 한 번 2등으로 전략하여 오랜 기간 습관화된 사람이나 기업은 감히 1등으로 올라설 발상을 쉽게 하지 못한다. 한 번 꺾인 의욕을 되살리기는커녕 오히려 2등 전략이 우리에게 맞는 옷처럼 편안하게 여겨진다. 그러나 한 번 1등을 해본 기업이나 사람들은 생각이 다르다. 2등으로 기업을 경영하면서 살아남을 수 있는 방법이 없다.

자신감이 결여되면 1등을 하겠다는 마음 자체가 생기지 않아 자기가 지니고 있는 능력을 충분히 발휘하기 어렵다. 반대로 자신감을 가지고 있으면 어떤 계획이라도 성공시킬 수 있다고 믿고 행동으로 옮긴다. 자신감이란 주어진 어떠한 문제에도 충분히 대처하고 그것을 극복할 수 있다는 내면의 확신이다. 시간과 노력을 들여 체득된 자신감은 쉽게 무너지지 않는다. 이런 패기와 기백이 있으면 어떠한 어려움이 닥쳐오더라도 전력을 기울여 사태에 대처할 수 있다.

실제로 일어나지도 않을 걱정 때문에 끙끙 앓으면서 노력과 시간을 허비하는 것은 어리석은 짓이다. 앞으로 발생할지 모르는 일에 대하여 도대체 얼마나 많은 시간을 들여 걱정만 하고 있는지 자문해 보라.

자신감이 자신과 회사의 미래를 만든다는 사실을 명심하자. 그리고 아직 벌어지지 않을 일에 대한 막연한 걱정은 접어두자. 대신 어떻게 해낼 것인가, 어떻게 무에서 유를 창조할 것인가에 집중하자. 정주영 회장이 500원짜리 지폐 한 장으로 거액의 투자를 끌어낸 일화는 아주 유명하다. 세계적 선박 컨설턴트사의 회장이 투자를 머뭇거리고 있을 때 정 회장은 이렇게 말했다.

"영국의 조선 역사는 1800년대 시작되었습니다. 그런데 우리는 그보다 300년을 먼저 앞섰지요. 이 돈을 보십시오. 거북선입니다. 우리는 1500년대에 이미 이러한 배를 만들 수 있는 기술을 보유하고 있었습니다.”

그는 조선소도 짓지 않은 채 배를 수주하는 큰 성과를 올리게 된다. 미래의 명확한 청사진과 자신감이 없었다면 이 일화는 탄생되지 않았을 것이다. 자신감이 운명을 결정한 것이다.

이처럼 무슨 일을 하던 반드시 해낸다는 자신감, 1등을 하겠다는 자신감으로 임해야 한다.

10

위기는 두 번째 기회다

교세라와 KDDI를 창업하고, 일본항공JAL을 재건한 이나모리 가즈오는 불황을 겪으며 동요하는 직원들에게 이렇게 말했다.

"불황은 어려움과 고통을 의미합니다. 경제 불황과 불경기는 날이 갈수록 심해지고 있지만 우리는 그럴수록 적극적이고 낙관적인 태도로 이에 맞서야 합니다. 전 직원은 일치단결해 곤경을 돌파해야 합니다. 내가 얻은 결론은 '불황을 성장의 기회로 삼는다'는 것입니다."

이처럼 회사를 경영하면서 위기는 수없이 맞닥뜨리게 된다. 필자가 일하는 회사는 여러 번의 큰 위기를 넘겼는데, 한 번은 필자가 부임하기 직전에 발생한 Etching 트러블COF의 선폭이 기준보다 미달하여 본딩시 불량을 유발하여 사용할 수 없는 제품이 다량 발생한 품질 문제로 제품 생산시 동을 부식(etching)시켜 선폭을 구현함로, 고객의 제품 특성에 영향을 미치기 때문에 사용할 수 없게 되었다. 품질이 좋지 않고 납기 등 지속적으로 문제가 생기면서 고객과의 신뢰관계도 무너져 수주는 줄고, 현장에서는 불량 재고가 넘쳐나 모두가 포기한 상태였다. 필자는 부임 이후 이 문제 해결을 최우선으로 추진하였고, 1년 동안 부단히 개선하여 '고객 NCRNon Conformity Report, 부적합 발생 보고서 400건 이상, 수율 89%'였던 것을 '고객 NCR 20건 정도, 수율 96%'로 개선했다.

두 번째 위기는 2-Metal COF(양면)를 세계 최초로 개발하면서 발생했다. 고객사에서 예상하지 못했던 패턴 Crack 불량이 계속 발생했던 것이다. 원인을 추적하다 보니 고객사에서는 우리 COF 필름을 접어서 사용한다는 것을 알게 되었고, 개발 초기부터 고객의 사용 조건을 알지 못하여, 그에 대한 대비가 없던 우리 제품의 미세한 패턴들이 Crack 불량을 일으켰던 것이다. 위기에 봉착한 우리는 단기간에 대책을 강구하지 못하면 회사에 상상할 수 없을 정도의 클레임이 발생할 것으로 판단하고 단기간 내에 끊임없이 대책을 강구했고, 마침내 '후도금2회 인쇄'이라는 기술을 개발하여 단기간에 고객 품질 문제를 해결하고 오히려 내부 수율도 큰 폭으로 개선할 수 있었다. 빠른 대처로 고객의 신임을 얻은 것은 두말할 것도 없다. 당시 후도금이라는 기술을 개발해 내지 못했다면 아마도 오늘날의 회사 성장은 없었을지도 모른다.

이외에도 크고 작은 여러 번의 위기가 있었지만 그때마다 위기는 성장의 기회라고 강조하고 돌파해 왔고, 그 결과 해당 문제를 철저하게 개선하고 재발이 안되도록 근본적으로 개선함으로써 오히려 회사가 더욱 성장하는 기회가 만들어져 큰 폭으로 매출성장과 이익 실현에 도움이 되었다.

사례를 들면, 당사가 생산하는 부품은 회로의 단락으로 전기신호가 이어지지 않는 불량이 발생하면 고객 또는 소비자에게 가는 TV, 모니터의 화면에 그대로 불량으로 나타남으로 모든 부품을 전수검사하고 있다. 이런 회로의 결함을 검사하는 공정이 곳곳에 있는데 대표적으로 EAOI, FVI로 불리는 화상인식공정이 있다. 과거에는 제품 제조상의 후공정에서 FVI를 도입하여 검사를 실시했으나, 제품이 다 만들어진 상태에서는 검사도 어렵고 그러다 보니 불량 유출이 계속되면서 새로운 관점의 공정 프로세스 개선이 필요하게 되었다.

우리는 회로를 만든 후 즉시 검사하는 방식으로 공정을 추가하여 설비를 개발하기 시작했다. 선폭패턴을 구현하면 다음 공정에서 즉시 선폭을 확인하는 과정지표를 만들어 빠르게 앞으로 피드백하여 관리를 강화하는 쪽으로 개선했다. 이렇게 과정지표를 운영하면서 유출 방지와 앞으로의 빠른 피드백으로 2-Metal COF(양면)용 EAOI(Etching Automated Optical Inspection, 회로결함 검사기)를 도입하면서부터 고객의 Open(회로 단선) 불량이 한 건도 발생하지 않도록 관리할 수 있었다.

문제가 있던 기존의 설비 컨셉에서 새로운 공정 구성으로 변경하여 얻은 성과인데, 공정의 원류 관리 측면에서 불량이 FVIFinal Visual

Inspection, 최종 검사기에서 걸러지는 것보다 앞 공정에서 확인되고 관리되도록 공정을 설계하는 것이 아주 주효했다. 제품 제조 마지막 단계의 지표입고 수율만 가지고 개선하려 했다면 아마도 올바른 인자를 찾고 관리하는 것이 어려웠을 것이다. 여러 위기를 극복하면 새로운 기회가 온다고 믿고 개선한 결과, 오히려 이런 위기를 극복하는 과정을 통해 회사 내에는 성공 DNA가 내부에 축적되고 있다는 것을 느꼈다. 한 번 성공해 본 사람은 이후에도 얼마든지 성공할 수 있다. 그 결과 2-Metal COF(양면)뿐만 아니라, 1-Metal COF(단면) 사업의 제조 수율을 큰 폭으로 달성할 수 있었다. 위기 극복은 곧 성공의 경험을 축적하고 무엇이든 해낼 수 있다는 자신감을 가지고 온다. 이것이 바로 위기를 기회라고 생각해야 하는 이유다.

매커니즘 분석과 근본인자의 중요성 ___

필자는 항상 개선을 할 때 근본인자를 관리해야 한다고 강조한다.

당시 2-Metal COF(양면)를 양산하면서 초기에 여러 가지 품질 문제가 발생했었는데, 특히 물량이 늘자 급격히 수율이 저하되기 시작했다. 그 원인은 제조 지표상 우리가 인지하지 못했던 건욕의 주기나 온도, 농도 등에 있었는데 근본 개선이 안되다 보니 재발이 되면서 우리를 괴롭혔다.

개선을 할 때, 발생된 현상을 없애는 것이 아니라 품질 문제를 일으키는 근본인자를 찾아 관리해야 하는 이유는 물량이 줄거나 적을 때는 개선된 것처럼 보이지만 물량이 늘면 반드시 재발하게 되어 있기 때문이다. 이러한 부분을 간과하지 말고 제조기술 엔지니어라면 반드시 근본인자를 찾고 관리하도록 해야 한다.

11
준비와 예방이 성패를 가른다

────────

학교 다닐 때 보면 매일같이 노는데도 시험은 1등 하는 친구들이 있다. 공부를 전혀 하지 않았는데 1등을 한 것일까? 아니다. 보이지 않은 곳에서 노력하고 준비를 했기 때문이다. 또 골프 라운딩을 통해 싱글을 하거나 이븐72타를 치는 것을 하는 사람들의 이야기는 연습장에 좀처럼 안간다는 것이다. 이 말을 믿는 사람은 거의 없을 것이다. 적어도 싱글이나 이븐을 치는 사람은 주중 1회 이상 또는 매일 같이 연습장에서 또는 집에서도 늘 골프 삼매경인 사람일 것이 뻔하다. 결국 공부든 골프든 회사 일이든 사전에 얼마나 열심히 또 효율적으로 준비하느냐에 따라 성패가 나뉘는 것이다.

회사에서 어떤 프로젝트를 성공시키려면 그 프로젝트를 수행할 인재들을 얼마나 사전에 철저히 양성했느냐가 성패에 큰 영향을 준다. 따라서 기술 인력 및 유관한 사원들의 능력 개발도 계획을 미리 미리 수립하고 실행해야 한다. 일이 닥치고 나서 사람의 능력을 찾으면 그 프로젝트는 이미 물 건너갔다고 봐야 할 것이다.

이런 프로젝트를 미숙하게 준비하여 완성도가 떨어진 상태로 양산을 하였다면 어떤 모습이 그려질까? 아마도 양산 이후 품질 문제로 고객이 회사에 상주하면서 각종 지시와 회의가 지속될지도 모른다. 그리되면 우리의 의지와는 상관없이 고객의 지시대로 움직이는 마치 사원들이 전쟁포로가 된 것만 같은 끔찍한 결과는 불 보듯 뻔한 일이다. 전쟁에서만 점령군이 오는 것이 아니다. 이런 결과를 만들어내지 않기 위해서도 사전의 준비가 얼마나 중요한지 깨달을 수 있을 것이다.

우리는 '스스로 미래를 개척한다'는 의미에서 실력을 기르고 평소에 더 많은 준비와 예방 활동을 해야 한다. 그러면 자신감은 저절로 올라간다. 또한 그런 자신감은 성공할 수 있다는 확신으로 이어진다. 만약 실패한 사람들에게 자기 자신을 어떻게 평가하고 있는지 묻는다면 대개 이럴 것이다.

"당연한 결과지. 나 같은 사람이 뭘 잘할 수 있겠어."

"정말 창피해 쥐구멍에라도 숨고 싶어. 다른 사람들이 나를 도대체 어떻게 보겠어."

자기 자신을 평소 이렇게 생각하는데 자신감이 생긴다면 오히려 이상할 것이다.

자신감을 기를 수 있는 방법이 바로 준비와 예방이다. 준비와 예방을 위한 좋은 방안이 '상상해서 시각화하기'이다. 어려운 일을 자신감 넘치고 여유 있게 대처해 나가는 자신의 모습을 떠올리는 것이다. 축구선수나 농구선수라면 골에 공을 넣는 모습, 달리기 선수라면 1등을 하는 모습 등 앞으로 해내고 싶은 목표를 머리에 생생하게 그리는 것이다. 우리도 평소 준비할 내용과 예방을 위해 내가 지금 무엇을 해야 할까를 상상해 보자. 그러면서 상상한 것을 미리 준비하는 것이야말로 자신감을 올려주고, 우리가 하는 일에 대한 확신을 가져다 줄 것이다. 이러한 일이 반복되면 긍정적인 이미지는 무의식의 일부가 되어 늘 우리를 성공의 길로 이끌 것이다.

12
긍정의 회사 문화로 만들어야 한다

———————

"나는 낙심하지 않는다. 잘못된 모든 시도는 전진을 위한 또 다른 발걸음이니까."

토머스 에디슨의 말이다. 긍정의 힘은 놀랍다.

취임 전 당사의 1-Metal COF(단면)의 수율은 5년간 89% 정도에 머물러 있었다. 매년 개선 목표는 95%였으나 좀처럼 개선되지 않고 있어 달성이 불가능한 목표라고 여기고 있었다. 5년간 좀처럼 움직이던 않았던 수율은 필자가 공장장으로 취임하고 6개월 만에 94%에 도달했고, 얼마 지나지 않아 95.5%가 되었다. 그러나 그 이후에는 다시 수율이 정체되었는데 좀처럼 개선되지 않았다.PCB 사업에서 95% 이상의 수율을 올리는 것은 한계라고 인식되어 0.5%를 올리는 것이 쉽지 않다

그러나 필자는 한계를 넘는 96.5%를 달성하는 것에 도전하자고

주문하였다. 이 때 필자가 주입한 것은 그동안의 성공사례를 예로 들며, 우리에게는 성공을 통한 DNA가 축적되어 있기에, 그래서 가능하고 "할 수 있다"는 긍정의 마인드였다. 그렇게 몹시 힘들어하던 사원들에게 끊임없이 방향을 제시하고 격려한 결과, 불가능할 것 같았던 수율 96.5%를 달성하였고 이제는 사원들 스스로 97%에 도전하겠다는 목표를 세워 정진하고 있다.당시 수율 1%가 개선이 되면 F Cost 개선으로 월 이익이 약 1.5억 개선되는 효과가 있었다

이렇게 안된다고 생각하던 한계를 넘을 수 있었던 것은 "할 수 있다"라는 긍정의 힘이라고 생각한다. 부임 후 추진한 크고 작은 성공사례를 통해 함께 한 사원들에게는 긍정의 DNA가 뿌리내리고 있다는 것을 느낄 수 있었다.

생각해 보자. 해보기도 전에 불가능할 것 같다고, 어려울 것 같다고 생각하고 추진하는 개선이나 혁신과제가 제대로 성공할 수 있을까? 일을 해보기도 전에 50%는 실패를 예감하고 하는 것이 된다. 이렇게 해서는 가능한 일도 불가능하게 될 것이다.

인간의 의식 속에 내재되어 있는 힘은 크다. 된다고 생각하면 되고, 안된다고 생각하면 안된다. 이래서 긍정의 힘이 중요하다. 물론 개선이 긍정의 힘으로만 되는 것은 아니다. 다만 가능하다는 신념 아래 업무를 추진하면 보다 더 세밀하고 실현 가능성이 있는 계획을 세우게 되고 과정도 더욱 몰입하게 됨으로 실현 가능성은 더욱 높아질 수밖에 없게 되는 것이다.

회사마다 문화가 모두 다르다. 긍정의 힘이 강한 회사, 폐쇄적인 회사, 보수적인 회사 등 다양하다. 그러나 리더의 생각과 의지가 이러한 문화를 바꾸고 긍정적인 문화의 회사를 만들어 갈 수 있다고 필자는 생각한다.

보통 회사의 문화를 새롭게 만들고 정착시키는 데는 오랜 시간이 걸린다. 이러한 이야기는 반대로 회사의 문화를 만드는 것만큼이나 바꾸기도 어렵다는 뜻이다.

긍정적인 회사 문화와 함께하는 사원들은 행복지수가 높다. 그렇다면 긍정적인 회사 문화는 어떻게 만들어질까? 회사 내에서 각 사원들이 하는 일에 가치를 부여하는 것이다. 막연하게 일하는 것이 아니라 목적을 명확하게 하고, 그에 대한 평가를 제대로 함으로써 그 일을 하는 사람이 내가 하는 일이 중요하다 느끼고 거기서 재미를 느껴야 한다.

13
칭찬은 최고의 경영 Skill이다

　직장 및 사회생활을 30년 넘게 했지만 사람관계가 쉬운 일은 아니다. 특히 어떤 주제를 정하고 이야기할 때 필자는 남을 설득시키는 재주가 없어 오해를 많이 사는 편이다. 말을 재미있게 하는 성향도 아니고 오직 직진하는 스타일이다. 또 눈이 햇빛에 약하고 시력이 나빠서 무엇을 볼 때 눈을 찌푸리기도 한다. 그러니 인상이 자주 굳어진다. 그래서 처음 만난 사람들은 오해하기 일쑤다.

　종종 거울을 보면서 웃는 연습을 하려고 노력하지만, 좀처럼 고쳐지지 않는다. 그런 성격과 인상에다가 말하는 것도 늘 직진이다 보니, 한두 번 만나서는 안되고 자주 만나야 필자의 본심을 알 수 있다. 그래서 사람 관계에 시간이 걸린다. 회사에서는 대표이사라는 직책이 더해져 더욱 사람들이 어렵게 느끼는 것 같다.

처음 공장장으로 부임했을 때의 이야기다. 현장의 문제점을 찾는 과정에서 엔지니어와 관리자에게 여러 지시를 내렸는데 실행이 잘 되지 않자, 필자는 슬며시 부아가 치밀었다.

"공장장이 지시를 해도 안 듣고 움직이지 않다니!"

필자는 더 강한 어조로 지시했다. 인상도 안좋고 목소리도 강성인데다, 해당 제품 및 해당기술 전문가라는 인식도 없었으니 당사는 화학공업을 기본으로 하는 약품을 많이 사용하나, 필자는 전자공학 전공 출신이다 사원들의 입장에서는 공장장을 피하고 싶었을 것이고, 무엇보다 공장장이 지시하는 방식으로 일해 본 경험이 없는 엔지니어들이 대부분이었다.

지시를 하고 다음날 다시 현장에 가서 지시사항을 확인했으나 그대로였다. 지시 받은 엔지니어를 찾았더니 휴가를 내고 없었다. 휴가 사유를 물었더니 그냥 쉬고 싶다고 했단다. 어이가 없었다. 그때 예전에 생산을 담당했던 그룹장이 말했다.

"여기 사원들은 스트레스 받으면 회사를 그만두거나 며칠씩 안 나오기도 해요."

이 정도의 지시사항을 스트레스라고 느낀다면 어떻게 해야 하나 고민이 컸다. 여하튼 그들과 부딪히며 일해야 하는데 내 방식을 고치지 않고는 결과를 만들어 내기가 어렵다고 판단했다.

상황을 변화시키려면 나부터 먼저 변해야 했다. 필자는 평소의 성격을 드러내지 않고 인내하기로 했다. 가급적 부드러운 언어로 이야기하고 화를 자제하려고 최대한 목소리를 낮췄다. 그리고 같은 이야기도 받아들이는 사람에 따라 다르게 해석할 수 있으므로 상대의 성격이나 성향에 따라 지시하는 방법을 달리 했다. 대기업은 늘 동료나 주변 사원들과 경쟁 체제에서 일하고, 수많은 경쟁자와 알게 모르게 경합하고 있다는 것을 소속된 모든 사람들이 느끼고 있다. 그 경쟁에서 우수한 실적을 만들어 낸 사람만이 제대로 된 평가를 받는다.

그러나 규모가 작은 중소·중견 기업에서는 경쟁보다 '좋은 것이 좋다'라는 마인드로 임하다 보니 목표를 달성하고 싶어 하는 의욕보다는 시간이 지나면 순차적으로 내게 차례가 온다는 인식이 강했다. 물론 모든 리더나 엔지니어가 그런 것은 아니었지만 이런 인식을 바꾸어 줄 필요가 있었다. 필자는 이러한 인식과 저하된 의욕을 어떻게 고취시킬까 고민했다. 아무리 공장장이라도 굴러들어온 돌의 입장에서 어떻게 사원들을 움직이게 할까를 고민하다 '칭찬은 고래도 춤추게 한다'는 말을 떠올렸다.

이것을 심리학에서는 피그말리온 효과Pygmalion Effect라고 한다. 1968년 미국의 한 초등학교 전교생을 대상으로 무작위로 한 반에 20%의 학생을 뽑고 교사에게 명단을 주면서 '지적능력 및 학업성취가 크게 향상될 가능성이 높은 아이들이다'라고 전달하였다. 그리고 8개월 뒤 지능검사를 해보니 이들이 다른 학생들보다 지능이 높게 나타났고 학업성취도 크게 향상되었다. 이는 선생님의 기대가, 학생은 기대에 부응하기 위해서 지적 및 성적향상 효과에 영향을 미친다는 것을 입증하였다. 이와 같이 칭찬과 격려는 동기부여가 되어 성과로 이어질 수 있게 된다.

처음에는 성격상 칭찬하기도 어렵고, 칭찬거리도 별로 없어 보였다. 그러나 어색해도 꾸준히 칭찬거리를 찾으면서 노력하자 리더나 사원들의 마음의 문이 열리는 것을 조금씩 느낄 수 있었다. 회의를 할 때 지시나 듣기 싫은 소리를 하기 전에 칭찬을 먼저 했다. 맘에 들지 않아도 우선 칭찬을 해놓고, "그렇지만 이것은 조금 부족했다", "방향을 새롭게 해본다면", "관점을 변경해보면 어떨까?", "층별집단을 구성하는 데이터를 어떤 특징에 따라 몇 개의 부분집단으로 구분하는 방법을 다른 각도로 해보는 것이 좋겠다"와 같은 부정적이거나 지시하는 이야기를 가급적 나중에 했다.

먼저 칭찬을 하면 듣는 사람이 어느 정도는 거리감도 사라지고 무장해제가 된다. 서로 이야기를 받아들일 준비가 되는 것이다. 인정받는 것, 칭찬, 부드러움 등을 바라지 않는 사람은 이 세상에 한 사람도 없다.

이러한 결과에서 알 수 있듯이 지금과 같은 젊은 세대에게는 일을 지시하는 방법도 야단치는 방법도 '선 칭찬, 후 지시'가 좋을 것 같다.

14
항상 자만을 경계하라

————

공장장으로 부임하고 개선한 내용이 크게 손익개선으로 작용하여 회사가 잘 나가고 있었다. 대표가 되고 나서도 회사는 순풍에 돛단 것처럼 매출과 손익이 성장했다. 그러다 보니 마치 우리가 실력이 좋아서 잘하고 있는 것처럼 보였다.

이러한 인식에 경종을 울려야 한다. '성공의 저주'라는 말이 있다. 제조업에 한정시켜서 이 말을 대입시켜 보면 안팎으로 좋은 실적과 평가를 받아 '우리가 너무나 잘하고 있다'는 생각에 빠져 현장 관리가 느슨해지는 것을 말한다. 이 성공의 저주는 회사 입장에서 재앙이 될 수 있다. 늘 이러한 매너리즘에 빠지지 않도록 각별히 스스로를 다잡아야 한다.

필자는 "품질 문제는 안전사고와 같은 개념을 가지고 일을 해야 한다. 또 안전 업무는 품질 사고와 같은 개념이 아니다"라고 이야기하곤 한다. 약간 오해를 할 수 있는 이야기지만 개념은 어렵지 않다. 안전과 같은 개념이란 안전은 모두가 잘해도 한 사람이 잘못하면 사고사업장으로 인식되기 때문에 전원이 무사고가 되는 전원참여의 개념이 필요하다. 즉 안전사고는 어떠한 경우라도 발생하면 안된다. 한 번 발생하면 그 여파는 너무나 커서 경우에 따라서는 재기할 수 없을 정도다. 따라서 늘 우리는 안전사고가 발생하지 않도록 수많은 노력을 들이고 있다.

그런 관점으로 품질을 관리해야 한다는 것이다. 그런데 반대로 안전의 관점에서 보면 품질은 수율을 관리함으로 투입대비 불량이 만들어져도 출하되는 제품만 양품이면 출하할 수 있게 되기 때문에 안전의 관점에서 보면 품질관리의 개념은 위험할 수 있다. 그러나 품질 사고도 고객에서 발생하면 한 번의 사고로 회사가 휘청거릴 수 있기 때문에 늘 경각심을 가지고 현장의 문제점을 도출하고 개선해야 한다. 이러한 관점에서는 안전관리의 개념과 같을 수 있다.

과거 삼성전자의 야심작인 갤럭시노트7은 배터리 품질 문제로 250만 대를 전부 리콜하기로 결정했다. 이로 인해 회사는 7조가 넘는 영업이익 차질을 빚었고, 리콜로 인해 협력사까지 모두 힘든 시기를 겪었다. 이만큼 품질관리의 실패가 가져오는 결과는 너무나 뼈아프다. 품질 가치의 중요성을 더욱 실감할 수 있다. 이러한 모든 사고들은 성공으로 인한 자만이 만들어 내는 결과일 수 있다.

15

실패의 습관화를 경계하라

———————

한 번의 성공이 계속 성공으로 이어지면 좋겠지만, 환경은 변하고 현실은 냉혹하다. 내외적인 수많은 요인들을 완벽하게 컨트롤할 수는 없기 때문에 누구나 실패할 수 있다. 이러다 보니 많은 기업의 CEO들이 실패 자체를 두려워하고 경계하는 경향이 있는데 오히려 실패가 없다면 그것이 사상누각이 될 경우가 크다고 생각한다.

따라서 실패에서 배우는 교훈도 많아야 한다고 생각한다. 실패를 반복하지 않고 개발 또는 사업화가 되는 아이템이 있으면 불안하기 짝이 없다. 한 번도 실패를 하지 않았으나 무엇이 문제일지 모른다는 이야기가 되니 그 상태로 양산으로 연결되면 정말 불안해진다. 그래서 자꾸만 질문하고 있지도 않은 실패할 경우의 수를 상정해 보기도 하지만 불안감은 가시지 않는다. 또 실패를 반복해 보면 성공의 요체가 보이게 되고 실패를 잘 극복해 왔구나 하는 생각이 들기도 하지만, 반복되는 실패에 대해서는 불안한 마음이 가시지 않는다. 이렇듯 일을 하면서 실패를 경험하지 않아도 또 너무 많은 실패를 경험해도 불안해 진다. 그러나 필자는 실패를 하되 재발되지 않는 방법을 찾아가야 한다고 생각한다. 즉 실패를 경험하되 그 실패에서 크게 배우자는 것이다. 그리고 다시는 그와 유사한 실패를 반복하지 않도록 하자는 것이다.

그런데 유사한 실패를 반복하지 않는다는 것이 말처럼 쉽지가 않다. 우리의 대부분의 문제는 무엇 때문에 실패했는지 이유를 모른다는 것에 있다. 그러면 동일한 실패와 실수를 반복하게 된다. 그러다 보니 늘 일하는 것이 미적지근하다. 미지근한 물 안의 개구리가 되어서는 안된다. 뜨거운 물에 집어넣은 개구리는 순간적으로 뜨겁다는 것을 느끼고 튀어나와 살 수 있지만, 미지근한 물에 들어간 개구리는 뜨거워질 줄 모르고 느긋하게 있다가 자기도 모르는 순간에 죽음을 맞이하게 된다.

매너리즘에 빠져 문제가 있다는 사실조차 느끼지 못하는 현실과 닮아 있다. 외부에서 보면 잘못하고 있는 것이 분명한데, 내부적으로 잘못을 전혀 못 느끼고 있다. 이러한 이유로 인해 내부가 아닌 외부의 객관적인 눈으로 현실을 보기 위해 컨설팅이 필요한 이유가 될 수 있다.

또 우리는 실패보다 '실패의 습관화'를 진정 두려워해야 한다. 실패를 인식하지 못하는데 어떻게 반성과 개선이 가능할까? 고인 물이 썩기 마련이듯, 혁신하지 않고 세월만 보내는 것은 본인의 능력 개발과 회사 발전에 아무런 도움도 되지 못한다. 끊임없는 혁신만이 우리를 움직이는 원동력임을 명심하자. 실패를 계속해서 반복하면 습관이 된다. 실패를 해도 실패인지 모르게 되고 같은 방식과 방법으로 일을 한 습관은 지속될 것이다. 이러면 본인도 회사도 발전은 없고 퇴보만 있게 된다는 점을 명심해야 한다.

3개월의 법칙

현장에서는 늘 품질 개선과 혁신이 일상이 되어야 한다. 필자는 현장의 문제를 개선할 때 '3개월'을 강조해 왔다. 무엇이든 3개월을 지속하면 그것이 실력이 된다는 것이다. 특별히 3개월일 이유는 없지만 적어도 관성의 측면에서 현재 하고 있는 것이 습관화가 되려면 최소 3개월은 걸릴 것으로 필자는 예상하고 강조해 왔다. 어느 특정 한 달의 실적이 좋아졌다고 그것이 나의 또는 우리의 실력이라고 이야기 할 수는 없다고 생각한다. 적어도 습관화가 되려면 100일, 즉 3개월은 걸린다고 생각한다.

당사의 1-Metal COF(단면)의 수율 개선을 통해 96.5%를 달성했을 때 적어도 3개월이 지속되어 수율이 유지가 된다면 이는 당사의 실력치가 될 것이라고 강조를 했고 실제 3개월 후 확실히 실력치가 올라간 모습을 느낄 수 있었다.

2-Metal COF(양면)도 90%에 미달하기 때문에 이 부분을 빨리 90%를 확실하게 넘을 수 있도록 노력하자고 강조해 왔다. 2-Metal COF(양면)에서 발생된 불량이 재발되지 않게 하고, 3개월이 지속되면 우리의 실력치는 한 단계 올라가는 것이다. 실제로 90%를 넘겼고 3개월 이상 지속되면서 레벨 업이 되었다. 개선을 할 때는 과제 방법과 방향이 잘 맞는지 검토하고, 아니라는 판단이 들면 빠르게 다른 툴을 제공하여 개선해야 한다. 현장에서는 실패의 습관화를 경계하고, 잘 나갈 때 미래를 준비하자. 항상 개선을 할 때에는 3개월을 기억하고 독려해 가자. 반드시 효과가 있을 것이다.

강한 현장 공정품질 최적화 프로젝트

당시 사원들은 수율에 영향을 끼치는 것은 원자재, 작업방법, 제조 환경 및 설비 등의 문제라고 총체적으로 이야기를 했다. 그러다보니 힘이 분산이 되어 이것도 해야 하고 저것도 해야 한다고 하는 등 방향이 정해지지 않고 일이 진행되었다.

종합하면 문제는 있는데 무엇이 문제를 유발시키는지를 모르고 있었다. 문제를 심플하게 보면 원류와 각 공정의 인자 관리가 안되었기 때문에 최종 결과물인 수율에 영향을 끼치는 것인데 이러한 관점으로 문제를 새롭게 보고 개선 방향을 정할 필요가 있었다. 또 문제를 인식해도 개선의 의지가 없다면 아무런 소용이 없다. 문제를 인식하였다면 반드시 해결하겠다는 의지를 갖고 트레이닝 해야 한층 더 발전할 수 있다.

이 프로젝트는 사원들이 데이터를 분석하고 판단력을 키우며, 문제를 보는 관점을 키우기 위한 하나의 트레이닝으로 진행됐었다. 특히 수율에 영향을 끼치는 원류관리와 회로형성 공정의 조건(Parameter) 최적화를 중점으로 하였다. 또한 프로젝트 진행 시 진행 과정에 대해서 수시로 보고하여 경영자가 관심을 보이고 진척사항을 체크하였다. 필자는 문제를 일으키는 장애물을 제거하여 프로젝트를 잘 마무리할 수 있도록 지원하였고 결과적으로 훌륭한 결과를 얻을 수 있었다.

≫ **원류관리** : 중요 원부자재 수입검사의 현 수준 파악 결과, 납입사양서에 있는 규격의 적합 여부로 합부 판정하여 관리하고 있었다. 대부분의 납입사양서는 제조사에서 제시한 규격이 반영되었다. 실제 공정능력보다 더 크게 반영되어 규격을 벗어나는 Lot가 없고, 성적서 및 수입검사 결과에 대한 트렌드

와 공정능력에 관리가 전혀 이루어지지 않고 있었다. 그래서 협력사 성적서와 수입검사 특성치에 대해서 공정능력을 파악하고, 결과에 따라 A, B, C 등급으로 분류하였다. Ppk 1.33에 미달되는 B와 C등급에 대해서는 관리항목으로 분류하여 협력사와 개선활동을 전개하였다. 중요 관리항목에 대해서 산포와 트렌드를 관리하였다.

≫ **회로 강건성** : 품질 개선을 위해 사원들은 "회로결함을 개선해야 합니다"라고 했다. 그러나 문제를 찾는 힘이 부족하던 터라 현장의 무엇이 문제인지, 어떻게 개선해야 하는지를 보고하는 사원은 없었다. 당사의 핵심공정능력을 조사한 결과 에칭(Etching) 공정의 Pattern Width에 대한 공정능력이 Ppk 0.65로 심각하게 수준이 저하되어 있음을 확인할 수 있었다. 게다가 더 큰 문제는 제품규격과 에칭 공정의 관리규격을 동일하게 관리하고 있었으며, 데이터에 대한 산포와 트렌드 관리가 전혀 이루어지지 않고 샘플 데이터가 규격 내에 있으면 Lot 전체가 문제가 없는 것으로 판단하여 진행했다는 점에 있었다.

이러한 문제를 해결하기 위하여 우선 문제의 핵심을 파악하여 개선의 대상을 심플하게 정리할 필요성이 있었다. 그래서 정리한 결론은 "Pattern Width의 강건성을 확보한다면 회로결함은 개선될 것이다"라는 것이다.
사원들에게 에칭 공정의 Pattern Width의 공정능력을 확보할 수 있는 활동을 전개해야 한다는 것을 반복하여 인식시켰다. 이후 특성에 영향을 끼치는 공정과 인자에 대해 연구하도록 하여 공정의 문제를 개선하면서 관리항목을 도출하였으며, 특히 가장 영향을 많이 끼치는 PRC공정의 화학연마량 최적화를 선행하여 개선을 진행하였다.
PRC공정의 화학연마량 현상을 파악해보니 원자재 Cu두께에 대한 트렌드와 공정능력 지표관리가 전혀 안되고 있었다. PRC공정의 화학연마량은 목표(Target)관리가 아닌 규격관리가 이루어지고 있었다. 원자재 Cu두께 편차에 상관없이 작업자의 판단에 의해서 0.3μm에서 1.0μm까지 화학연마가 이루어졌다. 작업자의 숙련도와 경험적인 판단에 의해서 Lot의 품질이 결정되었던 것이다. 이를 개선하고자 화학연마량 영향인자를 도출하여 실험계획법(DOE, Design of Experiments)을 실시하였다. 결과적으로 특성값에 영향도가 높은 인자를 찾아내고 이에 대한 최적의 관리 조건을 수립하였다. 이를 작업표준으로 등록하여 작업자가 표준에 의해 작업할 수 있도록 함으로써 큰 성과를 거둘 수 있게 되었다.

이와 같은 개선활동을 통하여 에칭공정의 Pattern Width 공정능력을 Ppk 1.33에 근사한 값으로 개선하였으며, 결과적으로 입고수율 0.8% 향상 및 회로결함 NCR 70% 개선 효과를 볼 수 있었다. 이후 이러한 핵심관리인자 도출 방법은 전 공정에 횡전개가 되도록 했다.

> · 문제를 심플하게 보고 개선의 대상을 명확하게 선정하였다.
> · 공정의 핵심인자를 선정하고 트렌드와 산포를 통한 관리가 되도록 하였다.
> · 공정능력을 분석하여 특성치 과정지표로 하고 Ppk 지표로 현 수준을 파악하였다.
> · 실험계획법을 사용하여 최적조건을 도출하고 이를 표준화하였다.

16

올바른 제품은 강한 현장에서 나온다

————

제조를 하는 기업 활동 중 가장 중요한 것은 무엇일까? 물론 올바르게 물건을 만드는 일일 것이다. 영업과 수주의 역량이 뛰어나도 제대로 된 물건을 공급하지 못한다면 품질 클레임Claim과 각종 품질 비용으로 그 기업은 존립할 수 없게 된다. 즉, 올바른 물건을 만드는 것이 최고의 경쟁력인 것이다. 그런데 이 올바르게 물건을 만드는 것이 쉽지가 않다. 왜 그럴까?

제조 현장은 늘 변한다. 우리가 이야기 하는 4MMan, machine, material, Method이 늘 변화하기 때문에 일관된 품질을 만들어 내는 것이 쉽지가 않다. 따라서 4M을 올바르게 만들기 위하여 우리는 많은 시스템도 도입하고 프로세스도 만들고 관리한다. 이렇게 준비를 하고 관리를 하는데도 불구하고 올바른 제품을 만드는 것은 여전히 쉽지가 않다. 그러나 하나 변하지 않는 것은 올바른 물건은 '강한 현장'에서 나온다는 사실이다. 현장이 강하면강하다는 모습은 현장을 보면 느낄 수 있다 올바른 물건이 나온다는 것은 틀림없고, 필자는 그것이 제조의 진리라고 생각한다.

그런데 어떻게 하는 것이 현장을 강하게 만드는 것일까? 앞서 이야기한 4M 관리는 기본으로 되고 있음에도 불구하고 올바른 물건이 만들어지지 않는 현장이라면 그 사업장 또는 회사에서의 강한 현장을 만들기 위한 조건은 여러 가지가 있겠지만 통상 다음의 두 가지를 강조하고 싶다.

첫째, 문제를 다양한 새로운 관점으로 바라보고 개선해야 한다.

앞서 이야기한 4M을 제대로 관리시스템이나 프로세스 관리하고 있음에도 올바른 물건이 만들어지지 않는다면 현장의 문제를 새로운 관점으로 바라봐야 한다. 시스템, 프로세스가 잘 되어 있어 문제가 보인다고 해도 그 문제의 근본을 이해하지 못하면 올바른 해석이 안되기 때문에 문제를 보는 관점을 다양하게 해야 근본적인 메커니즘 규명이 가능해 진다고 생각한다. 즉 강한 현장은 문제를 보는 능력을 다양하게 높여서 한 수준 레벨 업을 할 수 있어야 한다.

현장에서 많이 발생하는 예를 들어 보자. 현장에서는 개선을 위해 많은 SPL 평가를 하게 되는데 샘플 평가시 오류가 생기지 않게 해야 한다. 샘플로 모수의 실력치를 판단하는 경우가 있는데, 우선 SPL의

군내와 군간 산포를 충분히 이해해야 실수를 줄일 수 있다. 통상 샘플 데이터를 전체 모집단의 품질 수준이라고 판단하는 등의 오류를 범하지 않아야 한다. 또한 제대로 된 결과를 만들기 위해 샘플수 및 결과 데이터를 선정하는 방법을 완전히 이해하고 있어야 한다.

문제의 본질을 느끼기 위하여 겉으로 보이는 현상이 아닌 데이터를 다양한 관점에서 보고 원인을 찾아가는 힘을 길러야 근본적인 메커니즘 해석이 되고 참원인이 개선되고 관리되는 강한 현장이 될 수 있다는 것이다.

한 번은 당사 제품에서 SR ink제품 보호층 형성에 사용되는 것 불량이 경쟁사보다 많이 발생한다는 소식을 접하고, 일본의 N사에 방문해서 알아보니 경쟁사 또한 당사와 같은 잉크를 사용하고 있었다. 동일한 잉크를 사용하는데, 우리 제품에서만 SRSolder Resist Bleed번짐가 많이 발생한다는 것은 결국 우리 제조공정의 실력이 경쟁사에 뒤처진다는 것을 의미한다.

필자는 담당자에게 "만약 SR의 문제가 시계열적인 문제SR ink 도포 후 ink가 경화되는 시간에서 온 것이라면 SR을 도포한 후 공기나 열을 가하면 어떻겠느냐"고 말했고, 그것이 정답은 아니었지만 담당자는 SR Bleed가 발생한 모든 데이터를 분석해 새로운 관점에서 바라보고 개선할 수 있었다.

늘 같은 패턴이나 같은 관점이 아닌 새로운 관점으로 문제를 보는 능력을 기르는 것은 강한 현장을 만들기 위한 지름길이 된다.

둘째, 메커니즘 해석과 불량 발생의 가설 개념이 중요하다.

매일 어제와 같은 '제로'를 한다고 생각해도 어제는 없던 크고 작은 문제가 발생된다. 이러한 문제를 해결해야만 한 단계 수준이 향상되는데 이것이 쉽지 않다. 어떻게 해야 조금씩 나아지는 회사가 될 수 있을까? 또 어떻게 하면 한 번 발생한 문제가 재발되지 않을까? 모든 경영자들이 고민하고 있는 것이지만 해결책은 간단하지 않다.

그런데 많은 문제를 개선한 결과 또는 과정을 보면 한 결 같이 느껴지는 것이 문제의 본질에 다가가지 못하고 종료되고 있다는 것이다. 그 이유는 본질을 찾아가는 힘이 없기 때문이다. 이 힘을 만드는 것이 메커니즘의 해석이라고 필자는 생각한다.

앞서 이야기한 다양한 관점에서 문제를 보는 힘이 있어도 마지막 그 관점에서의 해석하는 힘이 부족하면 용두사미가 되고 만다. 메커니즘의 해석은 과학이다. 현상을 보고 불량이 만들어지는 메커니즘이라고 생각하고 과제를 종료하면 결과가 개선되었어도 그것은 우연요인이지 참원인이 아니기 때문에 양품이 만들어지는 환경이 바뀌게 되면 다시 불량이 재발하게 된다. 이렇게 힘을 낭비하는 현장은 강한 현장이 될 수 없다.

당사에는 COFFilm PCB를 제조하고 화상인식검사에서 불량을 검출하면 불량제품은 외관검사공정에서 직경 5㎜ 원형펀치Punch를 사용하여 제품에 홀을 뚫어 불량을 표시한다. 이 펀칭공정에서 이물이 발생한다면 펀치하는 곳에 이물이 발생한다는 가설을 세우고 가설을 검증하고 증명해야 한다. 당시 메커니즘 해석을 하면서 불량 이물이 만들어지는 것은 펀치 타발수와 관련이 있는 것으로 1차 해석했으나, 타발수를 줄이는 것만큼이나 중요한 것이 펀칭하는 날의 연마상태와 JIG의 조립상태를 확인하는 방법 등을 2차적으로 도출함으로로 개선하였다.

이렇듯 화공약품을 취급하는 회사지만 금형도 그에 못지않은 중요성을 가지고 있다. 또 내부의 품질을 좋게 하기 위해서는 협력사의 품질을 개선하는 것도 중요하다는 것을 인식하는 계기가 되었다.실제 COF의 품질은 눈에 보이지 않는 이물과의 전쟁이라고 할 만큼 간단하지 않다 만약 본 문제를 1차 해석에서 만족하였다면 참원인의 관리인자를 찾지 못하고 문제가 재발되고 있을 것이다. 강한 현장을 만들기 위해서는 현장의 문제가 생기면 문제의 메커니즘을 해석하고 가설과 검증을 통해 재발이 되지 않도록 인자 관리를 하는 것은 강한 현장 구축의 지름길이 된다.

제조 회사는 현장이 힘이고 재산이다. 튼튼한 현장에서 품질은 높이고 원가는 지속적으로 낮춰야 영업이나 기타 부서에서 고객 또는 대외 업무를 할 때도 자신감이 생긴다. 그리고 이것이 곧 경쟁력이 된다. 어떠한 경우에도 현장이 탄탄하게 관리되고 있다면, 비록 원가는 열세라도 품질과 리드타임 등으로 극복할 수 있다.

현장 강건화가 정착되면 자연스럽게 영업력 강화로 이어진다. 현장의 강건화는 심플하게 다음의 3단계로 만들어진다.

1단계 : 현장의 손실을 다양한 관점에서 올바르게 보고 개선한다.

현장의 손실(생산성 및 수율 등)을 개선하기 위한 각종 지표를 통해 문제점을 도출하고 메커니즘 해석을 통한 참원인을 찾고 근본인자 관리가 되도록 하여 재발을 막아 손실을 부가가치로 전환되도록 하는 현장 개선 업무가 일상화 되도록 해야 한다.

2단계 : 개선한 결과를 바탕으로 새롭게 혁신한다.

많은 회사들이 현장을 개선한다고는 하나, 개선 결과를 바탕으로 새로운 혁신을 추진하는 것을 대개 염두에 두지는 않는다. 그러나 혁신은 끊임없이 추진되어야 한다. 멈추면 곧바로 추락이지 정체가 아니다. 모든 기업은 끊임없이 움직여야 한다. 움직인다는 것은 혁신을 말함이다.

3단계 : 이를 바탕으로 영업의 무기로 활용한다.

당사만이 할 수 있는 것을 차별화하여 고객에게 어필해야 하는데, 많은 회사가 영업과 기술력을 분리해서 생각하는 경우가 많다. 현장의 개선과 새로운 혁신은 영업의 무기가 된다. 이 무기는 새로운 시장 개척에 힘이 되기 때문에 제조 현장은 늘 강건한 구조로 되어 있어야 하고 영업과 소통이 되어야 한다.

　앞에서 말한 강한 현장 만들기는 기본적인 관리 틀이 만들어지고, 그 관리 하에서 발생되는 문제를 빠르고 근본적으로 개선하기 위한 방안이라고 생각하면 좋을 것이다.

기본적인 관리 틀시스템과 프로세스은 무엇이고 어떻게 만들어야 되는가를 이야기해 보기로 한다. 통상 제조는 4M이 중요하기 때문에 4M에 관한 데이터들이 실시간으로 산포와 트렌드가 보이도록 관리하는 것이 필요하다. 이들 4M이 만들어 내는 변화되는 인자들을 관리함으로써 일관된 품질과 개선되는 생산성을 이뤄내 경쟁력을 만들어 가는 것이 핵심이다.

앞에서 말한 강한 현장은 이러한 기본적인 데이터들을 가지고 보다 강한 현장을 만들기 위한 전제가 되었을 때를 이야기 한다.

17
현장을 강하게 만드는 인자와 툴

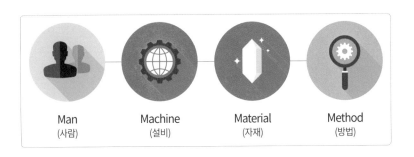

| Man
(사람) | Machine
(설비) | Material
(자재) | Method
(방법) |

4M에 관한 내용을 잘 관리하기 위해서는 산포와 트렌드가 보이도록 관리하는 것이 중요하다고 했다. 앞서 이야기한대로 제조업에서는 이 4M 관리를 어떻게 올바르게 하느냐에 따라 결과가 달라진다는 것을 알고 있다. 즉 이 '4M에 관한 인자예를 들면, 품질 및 노동 생산성, 설비 생산성 등'를 보이도록 하여 '모니터링산포와 트렌드' 하고 이러한 인

자들을 통해 문제를 찾고 개선하는 'PDCAPlan, Do, Check, Action의 사이클'을 운용하면 우리가 원하는 결과를 만들어 갈 수 있다.

한 가지 중요한 것은 4M 중에서도 가장 중요한 인자는 '사람'이라는 것이다. 같은 설비, 같은 자재, 같은 작업 표준서를 가지고 10년 이상 근무한 숙련공과 입사한지 3개월도 안된 신입 작업자가 같은 작업을 한다고 가정해보자. 숙련공의 작업 미스가 적을 것임을 쉽게 예상할 수 있다. 아무리 좋은 시스템과 프로세스를 갖춰도 그것을 운영하는 사람의 역량에 따라 품질이 달라질 수 있다는 것이다. 그래서 신입사원 육성에 더 많은 힘을 기울여야 하며 숙련도 향상에 지원을 아끼지 말아야 한다. 이렇게 육성된 사람들이 현장을 관리하면서 시스템을 만들고, 프로세스를 혁신시켜야 현장이 강하게 만들어진다.

제조하는 사람들은 PDCA를 잘 활용하고 데이터를 장악할 수 있어야 한다. 데이터 장악이라고 하니 데이터를 조작하라는 의미냐고 생각하는 사람도 있는데, 여기서 이야기 하는 데이터 장악이란 데이터를 내가 바라는 방향과 모습으로 컨트롤하는 것으로, 우리가 원하는 방향목적하는 방향으로 가고 있는가를 컨트롤 하고, 그렇지 못하면 회사의 역량을 동원하여 개선해야 한다는 의미를 담고 있다. 그러기 때문에 제조의 전문가는 늘 모든 데이터를 한눈에 볼 수 있도록 체계화 시키려고 노력한다. 그러려면 데이터를 관리할 사항은 무엇인지 어떻게 관리해야 하는지, 그것을 통해 개선 항목이 개선되고 있는지를 파악할 수 있어야 한다. 또한 현장에서 문제점을 찾는 능력도 만들어가야 한다. 아무리 4M의 인자가 모니터링 되고 산포와 트렌드를 볼 수 있도록 해도 그 안에서 문제를 찾는 능력이 부족하면 성과를 만들어 낼 수 없기 때문에 관리자 또는 엔지니어의 현장에서 문제를 찾고 근본원인을 찾아내는 힘을 갖추도록 능력을 배양시켜 주어야 한다.

이번에는 현장을 강하게 만드는 툴에 대해 알아보자. 복잡한 문제일수록 다음과 같이 단순화하여 생각하는 훈련과 툴이 필요하다.

현장을 강하게 만드는 프로세스 ___

1. **현상관리** : 현안 파악을 위한 보이는 관리가 되도록 필요한 관리인자의 선정과 모니터링이 되도록 한다. 그로부터 산포와 트렌드 등을 볼 수 있어야 한다.

2. **문제점 찾기** : 무엇을 문제로 볼 것인가는 데이터를 제대로 읽는 것에서부터 출발한다. 산포와 트렌드에서 층별 비교 등을 통해 문제를 찾아야 한다.

3. **현장분석** : 찾아낸 문제점을 반드시 현장에서 문제에 대한 실체를 느낄 수 있어야 한다.

4. **해석과 목표** : 메커니즘 해석을 통한 근본인자 파악과 개선 목표를 정량화한다.

5. **실행과 피드백** : 실행과 개선 과정의 모니터링 및 피드백으로 완성도를 높인다.

6. **결과도출 및 사후관리** : 결과가 목표를 달성했는가와 개선 결과가 유지되는지 관찰(Follow up)해야 한다.

18
품질을 개선하려면
근본인자가 관리되어야 한다

스트레스성 위염으로 위장약을 달고 사는 사람이 있다. 항상 약을 먹지만 효과는 잠깐이고 금세 위에 고통이 찾아온다. 병원에 가도 증상을 완화시켜주는 처방밖에 받지 못하고 심지어 약에 대한 내성으로 복용량이 늘어만 간다. 사실 이 병을 치료하기 위한 근본적 처방은 스트레스의 원인을 찾고 스트레스를 받지 않도록 환경을 변화시키는 것인데도 말이다. 병을 치료하기 위해서는 근본원인을 찾고 제거해야 한다. 이것은 품질에 있어서도 마찬가지다.

제조회사에서는 설비와 연관된 품질 사고가 종종 발생한다. 한 번은 주석 도금공정의 도금 탱크 승온昇溫이 안되는 문제가 발생하였다.주석도 금은 COF 부식방지와 디스플레이 기판과의 접합능력을 향상시키는 역할을 하며, 접합능력과 연관이 높은 특성인 주석도금 두께는 주석도금조의 온도와 제품 이송속도, 도금액 농도에 따라 많은 영향을 받는다 승온이 안된 이유는 배관의 내부 부식으로 인한 농축수의 흐름이 원활하지 못해 이를 조치하는 과정에서 온수에 포함된 염소성분이 제품으로 전이되어 회로에 Short를 유발한 것이었다. 이 Short는 고객사 FTFunction Test 공정에서 문제가 발견되었다. 다행히 영향 범위가 넓지 않아 48만 개 정도로 좁혀졌고, 고객사의 협조를 받아 수거하고 폐기하여 더 큰 문제로 확대되지는 않았다.

이 사고를 통해 회사 내 설비관리시 현장 문제점승온이 안되는 문제을 처리하는데 미흡함을 알 수 있게 되었다. 본 사고 발생 건을 상세하게 조사해 본 바에 의하면 동일한 종류유사 포함의 설비 문제가 최근 3년간 20여 회 발생되었는데, 그때마다 농축수 배관 속의 이물질을 걸러내는 방식으로 불량이 만들어진 현상만을 없애 왔다. 다시 말해 근본적인 문제 발생원인과 인자에 대한 관리 없이 단순하게 겉으로 드러난 문제만을 제거하여 봉합해 온 것이다. 결과적으로 근본원인 제거가 안되고 같은 문제가 반복하여 재발되다 보니 불량은 불량대로 현장의 낭비로 이어지고 또 개선을 위한 관리자나 기술자의 힘도 낭비되고 있었음에도 불구하고 올바르게 인지하지 못하고 있었다.

또 한 번은, 한 때 제조 품질 사고로 1.3%도금공정의 역류로 0.5%, DFR Laminate 공정의 냉각수 비산으로 0.5%, 양품 폐기 증가로 0.3%가 폐기된 적이 있었다. 도금공정의 폐수 배관은 그동안 문제가 없을 것으로 생각되던 곳이라 이 불량의 원인이 역류라는 것을 인정하는 데까지 시간이

다소 걸렸다. 당시 누구도 생각하지 못할 정도로 잘 하고 있다고 느꼈던 곳이라 그 원인을 인정하는 것이 어려웠다. 그러나 한 번 파악된 문제는 재발하지 않도록 하는 것이 중요했다. 몰랐던 부분을 알게 되면 동일한 문제는 반드시 재발되지 않도록 해야 한다. 새로운 사실을 알았음에도 동일한 문제를 발생시키는 것처럼 어리석은 일은 없다.

또 회사에서 불량으로 폐기된 내역을 보니 당연할지 모르지만 대부분 설비와 상관있었다. 작업자의 잘못으로 생기는 문제는 아니기 때문에 이를 어떻게 설비업무와 연관 지을지가 중요했다.

한 건의 사고라도 유사 또는 같은 불량이 설비별로 얼마나 발생하는지 확인하고, 그에 대한 근본적인 문제가 무엇인지 고민하여 한 번의 대책이 항구 대책이 되도록 하는 방안이 필요하다. 그래야 현장의 낭비가 조금씩 줄어들고 개선의 힘도 커진다. 개선 후에는 동종의 불량 횟수가 줄어들고 있는 지를 트렌드 관리하여 개선의 유효성을 확인해야 한다.개선을 해도 같은 불량이 재발하면 신뢰도도 떨어진다

필자는 개선의 유효성을 확인하기 위하여 설비그룹의 업무 과정 지표로 다음의 내용을 추가하였다. 설비그룹에서는 MTBFMean Time Between Failure, 평균고장 간격, MTTRMean Time to Repair, 평균수리시간 외에도 현장에서 불량을 유발했던 내용들을 다양하게 층별을 하고 개선을 위한 인자를 도출하고 관리하는 등 설비그룹의 업무 Role을 새롭게 정립함으로서 이러한 현장의 설비 관련 업무를 활발하게 할 수 있게 되었다.

메커니즘 해석을 통한 현장의 문제에 대한 근본원인 개선

대상이나 사물을 단순화하게 보는 감각을 길러야 한다. 심플하게 생각해야 문제를 더 쉽게 풀 수 있다. 일하기 전에 문제의 정의를 정확하게 내리고 어디로, 어떻게, 언제까지 나아가야 할 지 방향을 정확하게 내리고, 일을 하는 중간에 모니터링과 피드백이 되어야 한다. 일을 성공시키기 위해서는 사전 준비가 얼마나 철저한가에 따라 결과가 달라진다.

우선 일하기 전에 개선의 실체를 명확하게 하고 가야 한다. 그러기 위해서는 문제가 발생되는 메커니즘을 규명하고, 문제를 추적해 개선하다 보면 본인이 규명한 메커니즘이 맞는지, 틀리는지가 나타나게 된다. 일을 하면서 메커니즘의 해석이 틀리는 경우도 발생하는데, 신뢰성이나 품질의 해석 전문가가 아닌 이상 이러한 실패가 발생해도 틀린 그 자체도 경험이 되며 보다 더 정확한 새로운 메커니즘을 규명할 수 있게 된다.

≫ 2-Metal COF(양면) 품질 개선

세계 최초로 모바일에 채택이 된 2-Metal COF(양면) 개발 후 초기 생산 경험이 부족한 상태에서 고객사로부터 수주를 받아 양산이 진행되었는데, 경험이 부족한 시기라 초도 투입 Lot는 공정 사고와 회로결함 불량으로 도저히 편집(양품만 연결하여 출하하는 작업)을 할 수 없는 수준의 제품이 발생하여 폐기되는 제품이 많이 발생하였다.

투입 Lot에 대한 입고수율 예측도 어려운 상황에서 납기 차질까지 우려되었다. 단시간 품질 개선은 어려운 상황에서 납기가 문제되지 않도록 하기 위하여 제품의 기능에 문제가 되지 않는 부문이나 신뢰성에 영향을 미치지 않는 영역에 대해서 고객사와 협의하여 제품규격을 완화하기도 하였으나, 품질이 불안정한 상태에서 납기일정 내에 납품하기는 빠듯하였다.

조속한 품질 개선을 위해서 고객사와 품질 개선 FT 활동을 전개하였다. 결과적으로는 TF 활동만으로는 품질 개선은 큰 도움을 받지 못하였다. 그래서 새로운 내부 TF팀을 결성하여 불량의 현상부터 다시 접근하였다. 전체 불량의 70%가 회로결함이 점유하고 있었다. 회로결함의 발생 원인을 연구한 결과 회로결함에 영향을 끼치는 요인은 크게 다음의 세 가지로 압축할 수 있었다.

첫째, DFR 현상 후 DFR 밀림이 발생하여 Pattern Fill 동도금 시 Short, 돌기 회로결함을 유발시킨다.

둘째, 공정이물에 의하여 Pattern Fill 동도금에서 미도금성의 Open, 결손 회로결함을 유발시킨다.

셋째, 공정 Pass Line 접촉에 의해서 DFR이 떨어져나가 Short, 돌기 회로결함을 유발시킨다. 이 세 가지 관점에서 개선활동을 다음과 같이 진행하였다.

· **DFR 밀림 개선** : 메커니즘 연구 결과, DFR 현상 후 외부의 물리적 스트레스로 DFR 밀림이 발생하였는데, Pattern Fill 동도금 시 Cu 도금액이 DFR 하부로 침투하여 DFR 층간박리(Delamination)를 발생시켜 회로결함을 유발하고 있었다. DFR 현상 후 DFR과 간지와의 접촉을 없애기 위해 Mold Space를 사용하였다.

· DFR 밀림 메커니즘 ·

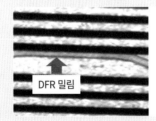

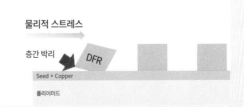

- **공정이물에 의한 Cu 미도금성 회로결함 개선** : DFR Pattern Spacer에 공정 이물 및 오염으로 인한 Cu 미도금이 발생하였다. 이를 개선하고자 Wet 공정의 에칭 제거능력 향상 및 후처리 세정능력을 개선하였으며, Spacer에 대해서 공정입고 후 3회 세정의 프로세스를 정립하여 개선하였다.

■ 공정 이물에 의한 Cu 미도금 메커니즘 ■

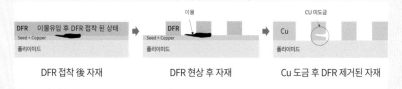

DFR 접착 後 자재   DFR 현상 후 자재   Cu 도금 후 DFR 제거된 자재

- **공정 Pass Line Touch 개선** : DFR 현상 시 분류 Plate Touch에 의한 DFR이 손상(Damage)되어 진행성 Short로 유발되었다. 이를 개선하고자 현상 분류 Plate 압력을 최적화하여 Plate Touch가 발생하지 않도록 개선하였다.

■ Pass Line Touch에 의한 Short 메커니즘 ■

DFR 현상 분류 Plate Touch   DFR 손상으로 제거됨   Cu 도금 시 Short 유발

- 불량률 점유율을 그래프로 그려 개선 아이템을 도출하였다.
- 회로결함 유형을 층별하고 이를 실물 분석하여 데이터의 신뢰도를 높였다.
- 특성요인도로 요인과 인자를 나열하고 핵심인자를 도출하였다.
- PSA(Plan Study Action) 기법을 활용하여 개선 아이템을 도출 및 실행하였다.

내부 품질개선 TF팀 개선활동 결과, 수율 50%에서 83%로 단기간에 33%의 향상 효과를 볼 수 있었다. 개선활동의 핵심은 다음과 같이 요약될 수 있다.

첫째, 불량에 대한 현상을 검사하여 Image 형태별로 분류하고 이를 실물 검사하였다. 즉, 불량을 층별하고 이를 실물로 다시 검증하여 불량현상에 대한 신뢰성을 높였다.

둘째, 층별한 불량 항목 하나하나를 발생원인과 과정에 대해 연구하고 메커니즘으로 규명하였다. 규명된 메커니즘은 누구나 쉽게 이해할 수 있도록 시각화하였다. 규명된 메커니즘은 개선하고 유효성은 수치화하여 통계적으로 검증하였다.

셋째, 개선된 아이템은 트렌드를 분석하여 지속적으로 유지 및 개선될 수 있도록 하였다. 해당 아이템이 근본원인이 되어 개선되었는지, 아니면 현상을 없앤 아이템인지를 트렌드 분석을 통해 검증하였다. 검증이 끝나면 이를 표준화하고 시스템으로 구축하여 관리하도록 하였다.

넷째, 품질개선활동은 하나의 아이템에 끝나는 것이 아니라, 지속적인 아이템 발굴 및 개선활동을 진행하는 것이다. 따라서 지속적인 PSA(Plan Study Action) 활동 전개는 필연이다.

19
미래를 위한 투자

　현재가 잘 나간다고 해서 미래가 밝은 것은 아니다. 또 현재가 어렵다고 해서 미래가 어둡다는 법도 없다. 중요한 것은 현재에서 문제를 보는 눈이고 문제점의 수준을 파악하고 그것을 명확하게 하는 것이다. 또 어떻게 개선할 것인가에 대한 상황을 인식하는 것과 개선을 위한 사람, 설비, 시스템 등의 투자를 하는 것이다.

　그런데 그 투자가 쉽지 않다. 통상 투자는 여러 개념이 있을 수 있는데 제조업, 특히 장치를 이용해 제조를 하는 회사의 경우 크게 두 가지로 생각할 수 있다.

　투입에서 출하까지 리드타임이 긴 사업에서는 '인적자원에 대한 투자와 설비능력 투자'가 중요하게 된다. 인적자원에 대한 투자는 시간이 걸린다. 과거에는 대졸사원을 채용하면 회사에서 필요한 것을 하나부터 열까지 전부 새롭게 가르치고 OJT를 통해 양성하고 또 중간교육을 통해 능력을 개발시켰다면, 최근에는 처음부터 경쟁력 있는 준비된 사람을 채용하는 것도 가능해질 정도로 국내 대학 또는 본인들의 준비로 양성이 된 사람들이 있다는 것은 아주 바람직하다고 생각된다.

그러나 변하지 않는 것은 과거나 현재나 미래나 성장하는 회사는 사람에 의해 성장 발전하고, 또 좋은 인재들이 모이는 회사는 자연스럽게 성장하는 기업으로 변모되어 간다는 것이다. 따라서 회사는 어떻게 인재를 모으고 양성해 갈 것인가, 또 회사에서는 입사한 사원들에 대한 능력개발 프로그램을 운용하여 인재로 만들어 갈 것인가가 중요한 관리인자가 된다는 것이다. 지금을 돌아보고 부족한 부분을 찾아 채우고, 만들어 감으로서 현재보다는 밝은 미래를 만들어 갈 수 있도록 하는 것이 필요할 것이다.

다음으로 설비능력 투자의 경우는 업계의 전망과 기술 트렌드를 잘 읽고 얼마를 투자하는 것이 가장 효율적인가를 잘 따져야 한다. 또 어떤 기술을 가지고 있느냐와 업계의 후발주자이냐 아니면 독점적인 기술의 지위를 가지고 있느냐 등도 신규 또는 추가 증설 투자의 판단 기준이 될 것이다.

통상 설비능력 투자의 경우, 단순히 예상되는 물량 전망뿐만 아니라 최종 생산물량에 영향을 미치는 인자수율, PM시간, 가동률 등를 감안하여 결정해야 한다.

예를 들어, 하루 12시간 생산하여 연 100만 개를 생산하는 80% 수율의 제품이 있다고 하자. 시장 수량의 증가로 인해 Capa 증량이 추가로 필요할 경우 단순히 전과 같은 성능의 설비를 투자하는 것이 아니라 생산성 UP이 된 설비를 도입하여 투자를 하는 것이 필요하다는 것이다. 사람이든 설비이든 수율이든 생산성이든 향상된 퍼포먼스의 투자가 진행되어야 한다. 사람이나 장치설비는 한 번 투자하고 육성하고 개선하는데 시간이 많이 소요되고 돈이 많이 들어가게 되므로 이들에 대한 투자는 향후 회사의 성장과 이익에 직결된다. 잘못된 투자사람이든 설비든는 회사를 망하게도 할 수 있으므로 사전에 충분한 검토와 전략적인 의사결정을 필요로 한다.

　이러한 내용을 충분히 인지하고 미래성장을 위한 투자가 되도록 선순환이 되면 좋을 것이다.

20

영업이익과 원가절감

모든 기업은 영업이익률 두자릿수를 바라지만 그것이 그리 쉽지는 않다. 우리도 사업을 하는 한 영업이익을 10% 이상으로 유지하기를 바란다. 어떻게 하면 이익률 10% 이상을 달성할 수 있을까? Input과 Output의 개념에서 보면 Output을 키우는 방법도 있고, Input을 줄이는 방법도 있다. 사업 초기에는 단순하게 수량적인 Output을 키우는 방법으로도 이익을 만들어 갈 수 있겠지만 시장이 포화된 상태에서는 어렵다.

우리 회사의 1-Metal COF(단면)는 이미 시장의 공급능력이 수요를 초과하는 상태였다. 따라서 단순히 수량을 늘리는 것은 어렵기 때문에 필자는 부가가치의 Output을 늘리는 방식을 강구하기로 했다. 같은 COF라도 Fine Pitch 제품이나, 고객의 입장에서 개선이 필요한 발열 문제를 쉽게 해결할 수 있는 다양한 아이디어를 통해 같은 매출이라도 부가가치를 키우는 방향으로 기술을 개발하고 있다.

또 Input을 줄이는 방식도 사업 초기부터 꾸준히 원가 개선을 해왔기 때문에 매년 두자릿수의 원가 개선을 실무자들이 힘들어하고 있다. 그러나 현장에는 우리의 지혜를 모아가면 개선할 수 있는 Loss가 있다고 필자는 믿는다. 예를 들면, 장치산업에서는 인력의 육성이 쉽지 않다. 최소 3개월은 넘어야 초보 딱지를 떼고 6개월은 넘어야 제 몫을 한다. 따라서 평소 다기능공을 양성하여 어느 공정에서도 일을 할 수 있게 능력을 개발해 가는 것이 돌발 사태에 큰 역할을 할 수 있다. 이렇게 작은 것 하나라도 무엇이 Loss인지에 대한 개념을 새롭게 하면 현장에는 개선할 것이 많고 그만큼 경쟁력으로 작용하여 영업이익의 개선에 도움이 된다.

이러한 개선활동은 기술과 영업에서 하나의 전략으로 활용할 수

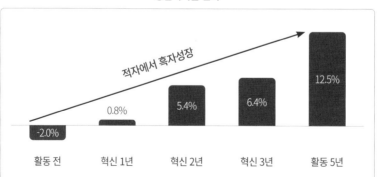

· 영업이익율 변화 ·

적자에서 흑자성장

-2.0%   0.8%   5.4%   6.4%   12.5%

활동 전   혁신 1년   혁신 2년   혁신 3년   활동 5년

있어야 한다. 예를 들면 고부가가치 기술은 기술에서 고객에 꾸준한 홍보Promotion를 통해 채택이 되도록 하고, 영업에서는 원가를 이해하고 고객과 Biz사업가 될 수 있도록 호흡을 맞추는 것, 즉 손발을 잘 맞추어야 한다는 것이다. 사내에서는 꾸준히 내부 원가를 지속적으로 낮추기 위한 활동에 주력해야 한다.

　장치산업은 단기간에 원가를 개선하기는 어렵기 때문에 최소 2~3년을 내다보고 원가 개선 활동을 해야 한다.

Chapter 2

혁신의 자세

매일 아침 눈을 뜨는 순간
혁신을 생각하라

01

멈춘 회사를 움직이는 회사로

세상에는 많은 회사가 있다. 그들은 모두 외형상 잘 굴러간다잘 경영되고 있다고 생각하지만 의외로 많은 이슈의 연속으로 크고 작은 문제를 야기하는 회사가 많다.

그런데 대부분 그런 것을 감지하지 못하고 있으며, 특히 내부 관계자들은 더욱 둔감한 상황으로 이런 기업들은 공룡기업으로 스피드가 떨어지거나 장기간 혁신활동 없이 소통이 안되는 점이 있다고 생각한다.

2011년 필자가 회사에 부임한 초기에는 고객 품질과 내부 생산성에 많은 문제가 있었으며 몇몇 부서와 면담한 결과 조직문화가 상당히 폐쇄적이라는 느낌이 강했다. 회사 내에는 품질과 수율 등 여러가지 문제가 있었음에도 불구하고 인력 육성이 안되어 있다 보니 개선에 한계를 느끼고 있었으며, 그렇다고 대외적인 네트워크나 컨설팅을 통해 문제를 해결할 생각은 더더욱 없는 회사였다. 한때 잘 나가던 회사였음에도 불구하고 이렇게 회사가 폐쇄적이게 된 것은 여러 가지 요인이 있었을 것으로 생각하고 이러한 원인을 찾아보았다.

다양한 부서원의 면담과 현장의 프로세스, 시스템을 이해하고 원인을 찾아 본 결과 회사가 겉도는 여러 요인이 존재한다는 것을 알게 되었다. 그 요인 중에 가장 중요하고 또 심각하게 느꼈던 것은 '직원들이 일을 하는 방법'이 주먹구구식이었다는 것이다. 특히 반복되는 품질 문제가 발생하는 이유를 분석해 보니 업무에 필요한 지식과 툴에 대한 교육을 회사에서 추진한 적이 거의 없었다. 그러다 보니 직원들이 모두 일하는 방법이 다르고 공통의 언어가 부족했다. 한마디로 인재 육성이 많이 부족했다.

엔지니어나 관리자들이 담당하고 있는 업무나 역할에 대한 이해가 안되어 있었고, 또 그 업무를 위해 필요한 교육이 제대로 되지 못한, 즉 인력의 육성이 올바르게 육성되지 못한 상태에서 일하다 보니 어떻게 문제를 느끼고 또 어떻게 개선해야 하는지 모르고 있었던 것이다.

도요타의 인사 강령에는 '직원은 단지 노동을 제공하는 사람이 아니라, 우리 회사 자본의 일부분이다'라고 되어 있다고 한다. 이처럼 사업의 성패는 모두 인재 양성에 달려 있다고 할 만큼 중요하다고 생각하는데 이 부분이 제대로 기능적으로 움직이지 않고 있었다.

하지만 인재를 양성하는 것은 쉽지 않다. 한 사람의 사원을 회사가 필요로 하는 인재로 육성하는데 많은 노력과 시간이 필요한데다, 한 번 일하는 방법이 습득되어 자신 나름대로의 방법을 익히면 그 틀을 깨고 새롭게 익히는 것이 쉽지 않기 때문이다.

당시 필자는 회사의 일하는 문화를 개선하는데 5년 이상 걸릴 것이라고 예상했다. 기존 리더급에 해당하는 사원의 육성도 필요하지만 결국은 신입 또는 대리급 사원들의 교육을 통해 이들이 올바르게 역할을 해주는 시기가 되어야 진정한 인재 양성이 되고 있다고 할 수 있을 것으로 보았기 때문이다. 이후 제조 공장을 중심으로 회사 공통의 언어라고 생각하는 6시그마 교육과 설비 및 제조 관련 교육을 추진해온지 5년이 지나면서부터 과거의 구습을 벗고 새롭게 거듭나기 시작했다.

이것은 회사가 단순하게 손익구조가 좋아져서가 아니고 회사에는 규모가 커지면서 신입사원들이 늘어나는 등 이러한 인재의 육성은 앞으로도 꾸준히 지속되어야 할 중요한 일이지만, 과거와 비교하여 일하는 수준이 국내 여타 대기업과 견주어도 부족함이 없을 정도가 되었다. 과거에는 결과 중심으로 일했다면 지금은 계획과 과정, 결과를 볼 수 있게 되었고, 또 일을 산포와 트렌드 통계기법을 활용하여 문제의 본질을 보도록 하고 있다는 것이다.

평소 필자는 "모든 일은 일 중심 사고로 보는 것이 필요하다"고 강조한다. 우리는 결과가 좋으면 다 좋다고 생각하는 경향이 있는데 사람을 양성하기 위해서는 결과만이 아닌 당초 이루고자 했던 일 중심의 계획이 어떠한 과정으로 진행되었고 또 목표에 도달했는가를 봐야 한다. 그 과정에서 인재 육성이 어떻게 되고 있는지, 프로젝트의 완성도와 개선하고자 했던 시스템 또는 프로세스의 변화를 함께 느낄 수 있어야 한다. 결과만 가지고 이야기 하는 것이 아니라 과정과 결과가 다 좋아야 인재도 잘 육성되고 있다고 볼 수 있다.

그리고 Input에서 Output까지 리드타임이 긴 회사는 반드시 과정지표를 만들어 관리하도록 할 필요가 있다. 특히 제조 현장은 과정관리를 통한 중간지표를 만들어 관리함으로써 주간단위의 품질 수준이 예측되도록 할 필요가 있다. 그래야 담당자들도 과정 관리를 통해 스스로 계획하고 또 다음 일정을 관리할 정도로 일을 추진해가는 능력을 개발할 수 있게 된다. 이러한 방식으로 지속적으로 관리단계를 올릴 수 있어야 한다고 생각한다.

이와 같은 방식으로 '멈춘 회사를 움직이는 회사'가 되도록 만들어왔다. 사람의 육성만이 회사의 미래가 만들어 질 수 있다. 회사의 모든 직원들이 전문가로 육성되어 본인의 능력을 발휘할 수 있는 수준으로 된다면 스스로 움직이는 회사가 되어 지시하지 않아도 스스로 굴러가는, 잘 움직이는 회사로 한걸음 더 성장해 있을 것이다.

02
혁신은 문제를 들여다보는 것에서 출발한다

　문제의식을 가진다는 것은 어떤 의미일까? 우리가 하고 있는 일에서 문제를 찾고 느끼기 위해서는 주관적이 아닌 객관적인 관점에서 볼 수 있어야 하는데, 객관적인 면에서 보고 문제가 있다고 느끼는 것은 쉬운 일이 아니다. 여러 가지 이유가 있겠지만 오랫동안 내부의 시스템과 프로세스에 익숙해져 있기 때문일 가능성도 하나의 이유가 될 것이라고 생각한다. 즉 매일 같이 보고 일하는 방식에서는 문제를 느끼기 보다는 습관적으로 당연하다고 생각할 개연성이 크다고 본다. 우선 문제라고 느껴야 개선을 하려고 할 텐데, 오랫동안 익숙함에서 오는 당연하다는 인식에서는 문제라고 느끼지를 못하니 개선의 대상이라고 생각하기가 어렵다.

　통상 회사에서 문제라고 이야기하는 것은 품질과 관련된 사고성

이슈나 사람 또는 건물에 해를 입히는 큰 사고다. 그래서 이런 내용이 아니면 문제라고 생각하지 않는 경향이 있다.

개선을 하기 위해서는 현실을 부정하는 것이 필요하다. 현실을 부정한다는 것은 결과를 당연하다고 받아드리지 말자는 것이다. 현실에 적응이 되면 문제로 인식하기 어렵고 그러다 보면 혁신하기가 어렵다. 작은 것이든 큰 것이든 현실이 부정되어야 문제로 인식이 되고 개선이 될 것이다. 이렇게 하기 위해서는 목표를 높게 설정하는 것도 하나의 좋은 방법이 된다.

한 번은 사내 메일 수신함에 몇 백 건의 메일이 있음에도 불구하고 확인하지 않는 관리자가 있어 조사를 해봤더니 이러한 문제를 가진 사람이 한두 명이 아니었다. 그러다 보니 정작 중요한 메일을 확인하지 못하는 일이 벌어지고, 관계사에서는 큰 불만을 제기하였다. 메일을 확인하지 않은 이유를 물어보니 자기와 상관없거나, 시스템에서 자동으로 보내지는 실적, 재고, 알람 등 형식적으로 받는 메일이 대량으로 오는 등 여러 가지 요인이 있었다. 그래서 정작 확인해야 할 메일을 보지 못하는 경우가 생겼던 것이다.

필자는 메일이 이렇게 오는 것에 대해서 많은 사람들이 불편함을 느꼈을 텐데도 불구하고 누구하나 문제로 삼지 않고 개선하자고 말하는 사람이 없었던 것이 의아했다. 사소한 것 같지만 이것을 문제로 제기하고 관련 부문에 통보하고 개선하기 위해 함께 고민했더라면 중요한 메일을 놓치는 일도 발생하지 않았을 것이고, 업무 효율화는 한 단계 높아졌을 것이다. 지금은 메일의 종류도 구분하여 쉽게 구분이 되도록 해서 중요한 업무를 놓치지 않도록 개선한 상태이지만 사소한 것도 문제로 느껴야 개선할 수 있음을 실감할 수 있었다.

또 지금은 당사의 현장에 들어가도 약품 냄새가 거의 나지 않지만, 공장장 부임 초만 해도 정말 냄새가 심했다. 당시 현장에 있는 사람들에게 이러한 문제를 제기했지만 후각이 금방 마비되어 냄새를 느끼지 못한다고 했다. 그러나 필자는 기관지가 예민하여 고통스러웠다. 어떻게 이러한 상황에서 일을 하고 있는지 안타까웠다.

필자는 이 약품 냄새를 몇 년에 걸쳐 개선을 추진해왔고 당사를 찾는 모든 고객들이 만족하는 수준까지 개선을 거듭했다. 이제는 관리자와 작업자 모두 과거의 현장이 얼마나 큰 문제가 있었는지 알고 있다. 당시 필자는 내 아들이 들어가서 일하고자 해도 자신 있게 들여보낼 수 있을 때까지 개선하자고 했고, 지금은 그것이 실현되었다.

문제의식 ___

늘 하는 일이라도 '조금 더 효율적으로 할 수는 없을까?'라는 시각을 갖는 것이 중요하다. 모든 직원들이 이러한 생각을 가지고 있어야 한다. 특히 조직의 장을 임명할 때는 이러한 문제의식 사고를 갖고 있는 사람을 임명해야 한다. 리더 한 사람의 생각과 행동에 따라 결과가 너무도 달라지기 때문이다.

03
일의 기준점 관리

———

프로기사들이 바둑을 둘 때 상대방이 한 수 두면 끊임없이 반상盤 上을 들여다보며 수를 생각하듯이, 우리도 목표하는 숫자를 달성하기 위해 끊임없이 추진하는 과제와 과정 그리고 성공 여부를 들여다보며 고민해야 한다. 그래야만 목표를 달성할 가능성이 올라간다. 그러기 위해서는 우리의 생각과 일하는 방식을 바꿔야 한다.

우리가 하는 모든 일은 항상 계획Plan에서 시작한다. 큰 일이든 작은 일이든 계획에서 시작하고 또 계획을 기준으로 실적을 관리한다. 여기서 계획은 일의 기준점이 된다. 제조 현장에서도 PDCA 사이클을 돌려가면서 일을 한다. 엔지니어는 PSA를 강조한다. 모두 Plan에서 시작이 된다. 회사에서는 개발하는 과정이 끝나면 영업의 P/O 물량과 Forecast가 기준이 된다. 이 지표가 맞고 틀리다가 중요한 것이 아닌 회사 자원의 계획 수립에 무엇보다 중요한 기존이 된다. 이렇게 기준점의 의미는 아주 중요한데 비해서 우리는 일을 하다 계획의 변경이 필요하면 애초에 수립한 기준점을 쉽게 버리고 새로운 계획을 수립하면서 과거에 수립한 기준점을 없애버린다. 이렇게 되면 효율적인 인적자원Man Power의 활용이 안되고, 일의 일정관리에서부터 모든 것이 관리 범위 밖으로 벗어나게 된다. 따라서 일의 기준점을 중요하게 생각하고 중간에 일정이 변경되어도 이 기준점을 버리지 말고 기준점에서부터의 변경 기록을 남기고 지속적으로 관리되도록 하는 것이 중요하다.

사내에서는 신기술 개발, 품질 개선 프로젝트, 거래선 개척 프로젝트 등의 수많은 과제들이 진행되는데 보고를 받거나 회의의 토론 자료를 보면, 늘 일정이 변경되어 올라오고 과거에 수립한 일정은 무시되어 기록으로 남지 않는 것을 종종 봐왔다. 이 습관을 개선하기 위해 각자 노력하는 것도 효과가 있겠지만, 선배 사원들이 후배 사원들에게 실무 교육Job Training 시에 일정에 대한 중요성과 관리 방법을 가르쳐주어 회사의 문화와 습관이 되도록 만들어야 지속될 수 있다. 일정이 변경되었다고 기존의 계획을 무시하고 새롭게 일정을 수립하면 제대로 일정 관리가 되지 않을 뿐만 아니라, 프로젝트에 대한 평가를 제대로 할 수 없게 됨을 명심하자.

04
목표 설정 : 왜 높게 잡아야 하는가?

목표는 달성하기 위해 존재하는 숫자이다. 달성해도 그만, 미달해도 그만이라면 목표 자체가 의미가 없다. 그렇게 되면 누구도 목적과 목표에 의미를 더 이상 두지 않게 될 것이고, 과거로 회귀되는 모습을 보일 것이다.

회사가 전반적으로 잘 되고 있어도 어느 특정 부문에서 미달되어, 원가 차질이 발생한다면 그로 인해 우리 사원들에게 특별 보너스를 지급할 수 있는 기회가 사라질 수도 있음을 알아야 한다. 늘 목표는 달성을 위해 만들어진 숫자라는 사실을 잊어서는 안된다.

모든 목표는 실현을 전제로 수립한다. 회사에서는 흔히 위에서 시키니까 수립한다는 개념으로 목표를 설정한다. 그렇게 되면 위의 몇 사람만을 위한 목표가 수립되고 결과적으로 목표가 달성되든 미달되든 실무자들은 큰 의미를 부여하지 않는 경우가 많아진다.

회사의 모든 업무는 예산이익을 전제로 한 해의 살림살이를 꾸려간다. 모든 비용이 예산 범위를 넘어서면 목표를 미달하게 되는 것인데, 이것은 곧 예산을 미달한다는 이야기가 되고, 이렇게 되면 회사의 모든 계획당해년도와 다음년도의 인력 채용과 투자 등에도 영향을 주어 틀어지게 된다. 따라서 예산을 설정할 때에는 충분히 분석하고 예산을 달성하기 위한 각 팀과 그룹의 과제를 아주 꼼꼼히 확인하고 과제와 목표를 수립해야 한다.

그런데 회사는 언제나 씀씀이는 큰데 반해 수립하는 목표의 성과는 부족한 것이 일반적이고, 각 팀은 충분하게 달성할 수 있는 범위 내에서 예산을 수립하려고 한다. 그러나 회사는 성장을 전제로 하기 때문에 예산의 목표를 높게 잡도록 업무 목표가 부여되는 경우가 많다. 이러한 달성 가능성의 범위와 성장을 전제로 하는 밀고 당기기를 통해 목표를 수립하게 되는 것이 일반적이다.

그러나 달성할 수 있는 내부 목표와 성장을 전제로 하는 도전 목표를 구분하고 도전 목표는 충분히 높게 설정할 필요가 있다. 목표를 달성 가능성의 범위 내에서 낮게 잡으면 일을 하는 수준도 낮아진다. 반대로 목표를 높게 잡으면 일을 하는 능력도 배양되고 창조적인 방법을 도입하게 된다. 회사는 혁신이 멈추는 순간 도태가 시작된다. 따라서 모든 일을 혁신을 전제로 해야 하며, 따라서 목표를 높게 잡고 가는 것이 필요하다.

프로젝트를 추진하다 보면 잘 되기도 하지만 진척이 없을 때도 있다. 이럴 경우, 그 프로젝트를 그냥 두면 과제가 추진되지 않거나 정체되게 된다.

이러한 문제를 사전에 방지하기 위해서는 과제가 추진되는 것을 잘 들여다보고모니터링 어떤 인자를 건드려야 올바르게 갈 것인가에 대한 피드백 또는 넛지Nudge가 필요하다.

> **넛지란 ___**
> 혁신에서 자주 사용하는 용어로 옆구리를 한 번 찔러 주는 것으로 과제가 진척되지 않고 정체되어 있을 때 부드럽게 행동의 변화를 유도하여 과제를 해결할 수 있는 혁신의 한 방법이다. 사랑에 빠지면 눈에 콩 깍지가 씌우듯 단점도 장점으로 보인다. 우리가 하는 프로젝트도 같아서 실무자가 한 방향만 바라보고 일을 추진할 경우 다른 각도에서 문제를 보고 가끔은 피드백을 해줘야 그 과제를 추진하는 담당자가 올바르게 과제를 추진하게 된다. 따라서 이러한 피드백이나 넛지는 반드시 필요하다.

05

운도 준비된 사람에게 온다

당사는 TV와 모바일 같은 디스플레이 상품에 필요한 부품Film PCB
을 생산하는 포트폴리오를 가지고 있다. 그동안 TV, 모니터, 노트
북에 들어가는 COF를 생산했는데, 몇 년간 힘들게 개발한 2-Metal
COF(양면)가 처음으로 모바일에 채용이 되어 새로운 이익 창출을
기대할 수 있게 되었다.

하지만 TV용과 달리 모바일용은 수요와 공급의 기복이 심해 물량
이 증가할 때는 급격히 늘고, 줄어들 때는 Capa 가동률이 50%도 안
되는 문제를 안고 있었다. 한 번은 물량이 줄어들고, 또 기대했던 다
음 모델에 우리의 기술이 아닌 새로운 기술이 채택되면서 라인의 가
동률이 떨어져 직원들이 쉬어야 하는 문제가 발생했다. 그런데 다음
도입 예정인 고객사의 모델에 품질 문제가 생기면서 운 좋게도 우리

의 부품이 채용되어 수주가 늘어나 재고 증가와 손익 미달의 경영위기를 넘긴 적이 있었다. 이렇게 위기를 여러 번 극복하다 보니, 주변 사람들은 필자에게 운이 좋은 사람이라고 한다. 혹자는 조상님 묏자리가 어디인지 알아보라고 하는 이야기도 농담으로 들었다.

필자가 운이 좋은 사람일 수도 있을 것이다. 그러나 이러한 운도 준비된 사람에게 온다고 본다. 그동안 2-Metal COF(양면)의 품질 문제에 대한 현상을 없애는 것이 아니라, 시간이 걸려도 근본 문제점을 하나씩 찾아 근본인자를 관리하는 방식으로 개선을 해왔고, 회사 내의 시스템과 프로세스를 새롭게 만들어왔다.

아무리 좋은 기회가 왔어도 같이 품질 사고를 내거나 제조능력 및 시스템, 프로세스가 준비되어 있지 않았다면 그림의 떡이었을 것이다. 실제 필자는 경쟁사의 품질 시스템이 약하다는 이야기를 듣고, 조만간 당사에 좋은 기회가 올 수 있을 것이라 예측하여 내부를 튼튼하게 만드는 일에 노력을 더욱 많이 기울였다. 이러한 결과, 품질 문제가 줄어들고 고객의 평가를 좋게 받으면서 신뢰가 형성되었기에 기회가 왔을 때 즉각 대응할 수 있었다. 설계를 하는 회사든 제조 또는 판매를 하는 회사든 핵심이 되는 요소인자를 설정하고 꾸준히 좋아지는 것이 보이게 관리하는 체계를 만들어 가야 한다. 특히 이상관리인자가 발생하면 빨리 근본을 찾고 개선해 일상 관리가 되도록 해주는 것이 필요하다. 이러한 활동을 통해 내부를 튼튼하게 해놓으면 영업에서 좋은 결과로 이어지는 것은 당연한 일이다.

'연환계連環計'는 중국의 고대 병법인 36계 가운데 35번째 계책이다. '고리를 잇는 계책'이라는 뜻으로, 여러 가지 계책을 교묘하게 연결시킨다는 의미이다. 한 가지 계책으로만 대응할 수 없을 때는 반드시 여러 가지 계책을 활용해야 한다.

시장의 빠른 변화와 무한한 경쟁구도에서 준비된 자만이 기회를 잡을 수 있다. 준비하지 않고 시장이나 환경 탓만 하고 있다가는 아무리 좋은 기회가 와도 기회를 잡지 못할 것이다. 시간이 지나고 후회해봐야 이미 때는 늦게 된다.

06
수동과 능동의 차이

―――――――

조립제품과 달리 장치제품에서는 공정을 개선하기 위해 설비의 부품이나 지그JIG를 변경하는데 아주 오랜 시간이 소요된다. 변경을 위한 사전 설계와 발주 제작도 그렇지만, 개선이 되어도 현장에 적용하기 위해서는 고객의 승인을 필요로 하는 것이 많기 때문이다. 따라서 장치산업에서 고객의 승인이 필요한 사항을 당해년도에 변경해서 고객의 승인을 받고 성과를 만드는 것은 어렵다.

그러나 판가는 그렇지 않다. 우리의 의지와 상관없이 시장의 판가는 매년 하락한다. 그럼에도 불구하고 매년 이익을 만들어내기 위해 내부 개선 또는 혁신이 필요하며, 이것은 생존을 위해 필요한 필수 불가결한 사항이다.

그럼 어떻게 해야 할까? 내부적으로 지속적인 혁신이 되도록 하는 시스템과 프로세스를 만들어야 한다. 짧은 기간에 혁신할 수 있는 것이 아니기 때문에 현재를 기준으로 중장기적 혁신의 모습을 그려서 각각의 지표를 현재의 수준과 매년 판가 인하를 감안한 중장기적인 경쟁력 지표대표적으로 품질과 생산성, 직원 수, 설비가동률, 리드타임을 기반으로 하는 원 단위 비용을 꼽을 수 있다를 만들고, 그 방안을 체계적으로 도출하고 관리되도록 하는 것이 중요하다. 이렇게 도출된 아이템은 시뮬레이션을 통해 가능성 여부를 검토하고투입대비 생산효과 등, 실행 시기를 고려하여 예산 편성을 실시한다.

이러한 체계적인 계획을 바탕으로 지속적으로 혁신 활동을 해야 한다. 물론 매년 업데이트를 통해 지속적인 개선 아이템의 발굴은 두 말할 필요도 없다.

자오쥔용, 진창웨이의 저서 《그들은 어떻게 일류가 되었나》에는 '소니의 정신'이라는 글이 소개되어 있다.

"다른 사람이 원하지 않는 일을 한다. 한발 앞서 업계를 리드하고 최고로 강력한 기술을 발휘한다. 새로운 의견을 펼친다. 소니는 개척자다. 소니의 창문은 항상 생명력이 충만한 미지의 세계를 향해 열려 있고 생기 넘치는 풍경으로 가득 차 있다. 모든 직원은 능력에 따라 일하며 자신을 연마하고, 다양한 능력을 융화시켜야 한다. 소니는 직원을 격려하고 신뢰하며 끊임없이 능력의 한계를 개척하는 것을 가장 중요하게 생각한다."

혁신은 저절로 이루어지는 것이 아니다. 원가 또한 쉽게 만들어지는 것이 아니다. 경영의 원가는 계획과 치열한 개선 또는 혁신을 통해 만들어 가는 것이다. 아무런 계획 없이 일한 결과를 '만들어지는 것'이라고 하면, '만드는 것'은 계획 아래 우리의 의도대로 목표에 이르도록 하는 것이다. 차이점은 전자에는 의지가 없고, 후자에는 '의지가 반영된 결과'가 나타난다는 것이다. 이것이 수동과 능동의 차이다. 우리에게는 능동적인 자세가 필요하다.

07

경쟁력을 만드는 툴 : PDCA와 PSA

제조를 하는 곳은 현장 관리가 기본이다. 그런데 기본이라고 하는 이 현장 관리가 쉽게 되지 않는 모습을 너무도 많이 보게 된다.

필자는 기본 중 기본이기 때문에 현장을 '제조의 ABC'라고 표현하는데, 우선 제조는 투입부터 출하까지 눈에 보이는 관리 체계를 만드는 것이 중요하다. 설비들 사이에 칸막이가 쳐져 있고 현장은 미로같이 복잡하면 물류의 흐름도 원활하지 못하기 때문에 문제도 많이 발생하고, 문제가 생겨도 어디에서 생긴 것인지 추적하기가 쉽지 않다. 무엇보다 현장이라면 정리된 모습이 한눈에 보이도록 관리되어 있어야 한다.

그리고 제조 과정 및 결과 데이터를 통해 문제를 쉽게 파악할 수 있게 해야 한다. 제조하는 현장은 매일같이 수많은 데이터가 만들어지는데, 이러한 데이터에서 문제가 보이도록 만드는 것이 중요하다. 그렇게 하기 위해서는 산포와 트렌드로 관리 체계가 잡혀 있어야 하고, 현장은 눈에 보이는 관리가 이루어져야 한다.

또 제조에서는 관리 이상 데이터에 대한 빠른 피드백이 이루어져야 문제가 생긴 앞뒤 공정에서 대책이나 작업의 진행 여부를 결정할 수 있다. 당연히 관리자와 해당 공정의 엔지니어는 문제를 메커니즘적 고찰을 통해 근본적인 발생 원인과 인자를 찾아 관리해야 한다. 이 과정에 필요한 툴이 Plan계획, Do실행, Check평가, Action개선의 머리글자를 딴 PDCA 활동으로 원활하게 매일같이 실시간으로 될 수 있는 체계가 만들어져야 한다. 제조를 포함한 현장과 관계있는 매우 유용한 툴이다.

반면 이와 간접적으로 연관되어 있는 사람연구개발을 포함한 엔지니어, 일반 사무직 사원들이 일하는 방법은 조금 달라야 한다. 이들에게 필요로 하는 것은 Plan계획, Study연구, Action개선의 약자인 PSA 활동으로, 개선Action에 들어가기 전에 반드시 메커니즘적인 규명을 위한 연구가 되도록 하여 시행착오Try and Error를 줄여야 한다. 보통 일을 하면서 많은 시행착오를 거치는데 이로 인한 손실Loss은 생각보다 큰데도 불구하고 이러한 낭비를 크게 문제시하지 않는 경향이 있다. 따라서 이러한 낭비를 개선하기 위해서는 연구개발 초기 단계부터 손실을 줄일 수 있도록 설계나 개발을 하는 것이 중요하다. 결국 이런 장점들이 모여 큰 경쟁력이 되기 때문이다.

그동안 회사에서 일하는 문제들을 들여다보면 똑같은 시행착오를 반복하고 있는데도 알지 못하는 경우가 허다했다. 앞으로는 이 PSA라는 툴을 잘 활용하자. 일을 실패할 가능성이 적을뿐더러 혹여 실패를 해도 반복하지 않을 수 있다. 계획 없이 일을 추진하다 보면 쌓이는 실패로 인해 자존감이 상실되고 결국은 실패가 습관이 된다. 이제는 일하는 방법을 바꿔서 실패의 습관화에서 벗어나야 한다.

지금은 큰 성공을 위한 작은 성공들을 습관화할 때이다. 스테디셀러 《성공하는 사람들의 7가지 습관》은 세계적으로 존경받는 리더십 권위자이자 조직 컨설턴트, 저술가인 스티븐 코비가 오랜 시간 성공한 이들의 생각과 행동을 연구하여 7가지 공통점을 추려내 소개한 것이다. 이를 바탕으로 작은 성공들을 습관화해 보자.

성공하는 사람들의 7가지 습관 ___

1. 주도적이 되라
2. 끝을 생각하며 시작하라
3. 소중한 것부터 먼저 하라
4. Win-Win 관계를 추구하라
5. 먼저 이해하고 다음에 이해시켜라
6. 시너지를 내라
7. 끊임없이 쇄신하라

08
아생연후살타(我生然後殺他)

아생연후살타我生然後殺他라는 말은 "먼저 내 말이 산 뒤에야 상대방 말을 잡을 수 있다"는 바둑 용어로, 자기 말의 생사를 돌보지 않고 무리하게 공격하다가 역습당하거나, 적진 깊숙이 침투했다가 퇴로를 차단당하는 등의 우愚를 범하지 않도록 경계하는 교훈으로 널리 쓰인다.

이것을 경영에 비유하면, 내부가 부실한데도 외부의 공격적인 영업에만 너무 큰 비중을 두면 쉽게 망할 수도 있다는 이야기가 된다.

외연을 넓히기 전에 마땅히 회사 내부제조와 품질를 튼튼하게 하는 일에 중점을 두고 개선해가야 한다는 의미로 스스로 현장에서 PDCA를 컨트롤할 수 있어야 하며, 문제가 발생했을 경우 '선 조치 후 보고' 시스템과 프로세스도 스스로 만들어 운영함으로써 제조나 품질 등 회사 내부에 제조의 참 모습을 만들고 튼튼하게 해놓아야 외부의 공격적인 영업이 가능해진다는 이야기이다.

> **아생연후살타(我生然後殺他)** ___
> 바둑 격언의 하나. 자신의 말이 산 다음에 상대의 돌을 잡으러 가야 한다는 뜻이다. 약점을 살피지 않고 무모하게 상대의 돌을 공격하다가는 오히려 해를 입기 쉽다는 것을 일깨우는 말이다.

09

문제 대책을 세울 때
절대 간과해서는 안되는 것

물건을 제조하여 판매한 후 고객으로부터 접수되는 모든 불만사항을 NCRNonconformity Report, 부적합보고서로 관리한다. 일단 접수된 불만사항은 샘플을 입수 분석해 귀책 여부를 가리게 된다. 흑백논리처럼 쉽게 판단이 되는 것이 대부분이지만, 모든 일에 예외가 있듯이 회색처럼 책임 구분이 모호한 경우도 가끔 있다.

이러한 경우 고객에게 유연하게 대응하는 것이 기술이다. 무조건 우리 회사의 귀책이 아니라고만 주장하게 되면 해당 건은 그렇게 넘어갈 수 있지만, 그 비즈니스는 신뢰가 무너져 오래가지 못할 뿐만 아니라 괘씸죄를 지게 되어 향후 더 큰 클레임을 야기할 수 있다. 때문에 문제가 발생했을 경우 고객에게 어떻게 대응하고 납득을 시켜갈 것인가는 CSCustomer Service 부문의 종사자영업 및 기술자 포함에게는 아주 중요한 기술이 된다.

불량이 우리 회사의 귀책이라면 원인과 대책을 수립하게 되는데 고객이 빠른 대책을 요구했을 때 일정에 쫓겨서 참원인을 찾지 못하는 경우도 있고, 또 우리의 내부적인 치부를 드러내고 싶지 않아 일부러 다른 원인을 대는 경우도 있을 수 있다.

하지만 고객 불만사항이든 공정의 품질 문제든 대책을 세울 때 무엇보다 간과하면 안되는 것이 있는데, 바로 '대책 시행에 대한 결과의 유효성 평가'이다. 대책의 참원인이 찾아지지 않았음에도 대책을 시행하여 결과가 좋아졌다는 보고를 받는 경우가 있다. 그러나 참원인이 밝혀지지 않았는데도 불구하고 대책을 적용하는 것은 유효성 평가의 의미가 없어지는 것이다. 생각해 보자. 거짓이 참이 되었는데 불량이 사라질 것인가? 유효성 평가를 해도 불량이 지속적으로 발생된다면 그 문제의 참원인을 찾는 활동을 멈추면 안된다. 불량이 발생하는 메커니즘을 정확하게 규명하고 대책을 시행하는 것만이 유효성 평가에서 좋은 결과를 만들어 낸다.

또 고객불만NCR이 발생하면 참원인을 찾을 생각보다 단순하게 신입 작업자를 탓하기도 하는데, 이때에는 우리가 처한 환경을 이해하고 물량의 증감과 상관없이 꾸준하게 불량이 줄어들도록 관리하는 방법상의 개선이 필요하다. 4MMan, Machine, Method, Material 중에 가장 쉽고도 돈을 적게 들여 개선할 수 있는 것이 방법Method이다. 이 방법을 누가 잘 다루는가에 따라 결과가 달라진다.

공정 내에서 발생하는 불량의 원인과 대책도 당연히 중요하겠지만 고객에게 유출된 불량의 원인과 대책은 더욱더 재발이 되면 안된다. 이 문제는 회사와 고객 간의 신뢰와 직결된다. 따라서 NCR에 대한 대책의 유효성은 무엇보다 중요하다.

지금 실력이 부족하다고 하여 참원인을 못 찾아 문제를 덮고 갈 것이 아니라 메커니즘적으로 근본원인을 찾도록 시스템과 프로세스를 만들고, 대책의 유효성을 판단하는 스킬을 더욱 올려야 한다.

10
관점을 달리하라

문제가 없는 현장은 없다. 당사와 같은 현장은 매일같이 4M1E의 이슈로 인해 많은 문제가 발생한다. 엔지니어와 관리자의 일상 역시 문제가 무엇이고 원인이 무엇인지를 찾기 위해 모니터링을 하는 것이다.

그런데 우리는 문제를 파악하고 개선할 때 원인을 너무 단순하게 찾는다. 원인을 찾아내는 방법은 다양하지만, 일차적인 원인을 찾는데 Lot의 산포나 트렌드를 많이 본다. 이것도 방법이 되겠지만 4M1E 관점에서 다양한 층별을 해보는 것이 중요하다.

층별은 결과값문제에 영향을 끼치는 인자를 4M1E 관점으로 도출하고 이 중 가장 큰 영향을 끼치는 인자 순으로 분석한다. 분석은 전체 결과값을 인자의 수준으로 나누어 분석하는데, 이를 '층별 분석'

이라고 한다. 예를 들어, 설비를 인자라고 한다면 수준은 '1호기, 2호기'라고 한다. 결국 층별 분석은 결과값 전체를 1호기, 2호기로 나누어 데이터의 중심과 산포를 비교 분석하는 것을 의미한다.

당사는 어떤 문제가 발생되면 중요 공정에서 보유하고 있는 Keep 샘플을 통해 당시에 그러한 문제가 해당 Lot에 있었는지 분석해본다. 그러나 대부분의 경우 문제가 없다고 보고된다. 이러한 경우, 필자는 문제가 안보이는 것은 층별이 잘못되었다고 봐야 한다며 다양한 관점에서 다시 층별을 하라고 한다. 관점을 달리해 층별을 실시하면 안보이던 문제가 보이는 경우가 많다.

2016년 LPGA 메이저 에비앙 골프대회에서 18번 홀 마지막 퍼팅을 앞둔 전인지 프로에게 모든 관심이 쏠렸다. 그녀가 이 퍼팅을 성공시키면 메이저대회에서 21언더파를 기록하게 되고, 이는 남녀 선수를 통틀어 메이저 최다 언더파 우승 선수로 기록될 터였다. 누구도 이루지 못한 기록이라 많이 긴장하고 초조할 법도 한데, 당시 그녀는 담담하게 '어떻게 하면 넣을 수 있을까?'만 생각했다고 한다. 결국 그녀는 퍼팅을 성공시키고 새로운 역사를 만들었다. 만약 그녀의 머릿속이 '꼭 넣어야만 해! 반드시 우승해야 해!'라는 생각으로 가득했다면 퍼팅을 성공시킬 수 있었을까? 전인지 프로는 오직 '어떻게 하면 넣을 수 있을까?'만 생각하였고, 관점이 바뀌는 순간 긴장감이 이완되고 수학문제를 풀 듯 이성적이 되어 게임에 몰입할 수 있었다.

실제 현장에도 관점을 달리해 개선한 사례가 많다. 일반적으로 인쇄 공정에서 금속이물 문제가 발생했을 때 설비별 차이를 보는 경우가 많은데, 설비만의 문제가 아닌 경우 모델 간의 차이, 작업자 간의 차이, 주간 야간의 차이, JIG의 차이, SR Mask의 차이, Squeeze의 차이 등을 시계열時系列이나 산포로 분석해 Mask 세정방법을 개선하여 수율을 크게 향상시킨 사례가 있다. 어떻게 봐야 가장 문제 원인을 찾기 쉬울까를 충분히 고민하고, 층별하는 방법을 찾으면 그만큼 문제 해결이 쉬워진다.

11

이(異) 업종을 벤치마킹하자

　과거 산업계가 조립제품 위주였다면 현대는 기술의 발전과 더불어 생산성을 향상시키기 위한 장치산업으로 바뀌었다. 부품도 경박단소를 위해 갈수록 작아지고 미세화 되고 있다.

　그러다 보니 문제가 눈에 쉽게 보였던 조립산업에 비해 장치산업에서는 리드타임이 길고, 각종 관리인자품질, 생산성 Factor가 눈에 보이지 않는다. 그래서 제조 현장에서 산포와 트렌드가 더욱 중요하게 대두되고, 미세한 관리인자를 찾아내어 선행관리가 되도록 하는 것이 핵심관리항목이 되었다.

　그런데 이런 장치산업이나 생산하는 제품이 미세Fine한 경우에는 품질 개선이나 생산성 향상이 그리 간단히 될 만큼 쉽지 않다. 예를 들어 20㎛ pitch패턴 폭 8㎛ 정도의 미세한 제품으로 제조단계는 물론 검사할 때조차 매우 섬세한 작업이 요구된다. 특히 이물과의 싸움이라고 얘기해도 과언이 아닐 정도로 각종 이물과의 싸움이 중요한데, 머리카락 두께 1/5의 이물이라도 공정에 혼입되면 애써 제조한 패턴들이 Open 또는 Short가 되어 품질이나 제품의 신뢰성에 중대한 결함이 발생하게 된다. 이런 문제와 싸워 이기기 위해서는 여러 기술이 복합화 되어 관리되어야 가능하다.

당사는 화공약품을 많이 사용하지만 설비는 기계, 구동은 전기, 공정의 이물을 전사시키는 것은 기류이며, 생산하는 공정에는 레이저 기술과 각종 계측 기술이 어우러져 있기 때문에 종합기술력이 요구된다. 따라서 이런 종합기술력은 하루아침에 얻어지거나 완성될 수 있는 것은 아니다. 개선이나 향상을 위한 부족한 기술은 여러 회사를 벤치마킹하는 지혜를 빌릴 줄 알아야 한다.

특히 동종 업계보다는 이異 업종을 벤치마킹하는 것이 보다 개선이나 혁신에 많은 도움이 된다. 동종 업계에 종사하는 사람들은 생각의 한계가 비슷할 수 있고, 장점을 벤치마킹해도 혁신적이지 못하다. 오히려 파괴적인 혁신은 다른 업종의 관리 기술이나 노하우를 습득하여 전개함으로써 큰 혁신의 효과를 기대할 수 있다.

스마트공장도 마찬가지이다. 스마트공장을 정말 혁신적으로 추진하기 위해서는 내부의 충분한 준비도 중요하지만, 다른 업종의 혁신적인 사례를 벤치마킹 하는 것이 필요하다. 이러한 벤치마킹은 제조에 국한시킬 것이 아니라, 인사에서 영업, 구매 등 전 부문에서 실시함으로써 시간과 노력을 적게 들이고, 효과를 극대화하는 방향으로 전개되어야 한다.

> **이(異) 업종 벤치마킹** ____
> 동종 업계에 종사하는 사람들은 생각의 한계가 비슷할 수 있고, 장점을 벤치마킹해도 혁신적이지 못하다. 오히려 파괴적인 혁신은 다른 업종의 관리 기술이나 노하우를 습득하여 전개함으로써 큰 혁신의 효과를 기대할 수 있다.

12

스마트공장의 전제 : 생각을 디지털화하라

———————

과거 조립제품이 많은 때에는 일하는 방식이 다소 느리거나 틀려도 큰 문제가 되지 않았다. 그러나 조립제품에서 장치제품으로, 제품의 경박단소가 진행됨에 따라 PCB가 Rough Pitch에서 Fine Pitch로 기술의 난이도가 높아지면서 작은 차이나 실수로 인해 상상 이상으로 큰 피해를 입을 수 있게 되었다. 조금의 이완이나 불감증으로 수백억 원 이상의 클레임으로 이어지는 사례가 부지기수다.

따라서 현대의 장치제품에서 또 리드타임이 긴 제품에서는 품질 문제가 생기면 미봉책으로 덮고 넘어갈 것이 아니라, 문제를 근본적으로 개선하고 해결하기 위해 우리 인식을 바꿔야 한다.

문제는 어떻게 사전에 징후를 파악하고 느끼고 예방하는가가 중요하다. 과거 이러한 개념이 충분하지 못했다. 그래서 산포와 트렌드를 강화하고, 공정 중간에 과정 지표를 도입함으로써 문제를 미리미리 파악하려고 하였다. 이를 바탕으로 문제의 발생인자 크기를 조기에 최대한 줄이고 있다. 이런 일은 마치 기계의 톱니가 맞물려 돌아가듯 치밀하게 관리하는 체계가 중요하다.

일을 하다 보면 늘 의사결정이 필요한 여러 가지 문제에 봉착하게 된다. 문제를 해결하기 위해 참원인을 메커니즘적으로 규명하고, 대책을 수립하다 보면 시간이 걸리는 경우가 있지만 해결하지 못할 문제는 없다. 아무리 공정을 잘 관리해도 문제는 발생하기 마련이고 꾸준히 개선해 나가야 한다.

과거보다는 많이 개선되었지만, 가장 큰 골칫거리는 금속이물이 발생하는 것이다. 당사에서는 제조 시 제품의 패턴을 형성하는 공법으로 Cu동를 부식하는 Etching 방식과 Cu를 도금하는 SAPSemi-additive Process 방식을 쓰는데, 어떤 방식이든 금속이물의 발생이 품질 관리의 중요한 관리인자가 된다. 패턴의 선폭이 10㎛ 정도이고 Space패턴과 패턴 사이의 거리가 10㎛ 정도이다 보니, Space 사이에 금속이물이 있으면 전류가 통할 수 있는 매개 역할을 할 수 있다. 이럴 경우, Short를 유발시켜 품질수율과 신뢰성에 영향을 주면 치명타가 될 수 있다.

그래서 금속이물 문제를 해결하기 위해 여러 방안을 강구하고 있지만, 현재의 공정 설계상에서 완벽히 제거하는 방법은 없다. 그만큼 금속이물을 유발시키는 인자가 많고 불량의 종류도 다양해 개선에 애를 먹고 있다. 금속이물은 본 Item의 사업 초기부터 지속된 문제이다 보니, 대부분의 직원들이 완벽히 제거하는 것은 불가능하다고 생각하고 있다. 그러다 보니 더 이상 개선되지 않고 지지부진하다. 관리가 소홀해지면 금속이물 불량이 크게 늘어나는 경우도 종종 발생한다. 가능하다고 생각하고 덤벼도 문제 해결이 쉽지 않은데, 더 이상 개선이 불가능하다고 생각하고 있으면 절대 바뀔 수가 없다. 이러한 생각을 버려야 한다.

실제 당사의 금속이물 불량은 과거 4%대에서 0.8%까지 줄어들었으나, 이 이상의 개선에 한계를 느끼고 있다. 그래서 이때에 디지털적인 사고가 필요하다. 필자가 말하는 디지털적 사고의 개념은 문제를 일으키는 인자를 잘게 쪼개어 쉽고 투명하게 관리하자는 것이다. 불량을 만드는 메커니즘을 철저히 규명하고, 해당 불량을 만드는 디테일Detail한 인자 관리와 PMProductive Maintenance 방법 및 쉬운 실시간 모니터링의 방법을 찾아가는 것이다.

10년 동안 우리 회사의 품질을 발목 잡은 문제라면 앞으로도 계속 발목을 잡을 것이다. 이렇게 지속적으로 겪을 문제라면 차라리 우리 내부를 좀 더 세밀하게 관리해서 개선하고 넘어야 할 산을 넘어서는 것이 낫다. 이렇게 고민거리를 지워버려야 오히려 미래에 덜 고생한다. 본 문제는 다시 사원들을 설득하고 TFTask Force를 가동해 새로운 관점으로 문제를 찾아가고 있다.

우리의 인식 자체를 디지털화하면 많은 문제들을 해결할 수 있다.

그렇다면 인식생각의 디지털화란 무엇인가? 문제를 보는 관점은 다양하게 존재하겠지만, 크게 아날로그적인 사고와 디지털적인 사고로 볼 수 있다.

과거 금속이물을 개선하는 방식이 아날로그적인 사고였다면, 앞으로는 디지털적인 개념이 필요하다. 디지털은 0과 1의 조합으로 우리가 일하는 방법을 잘게 쪼개고 잘라 근본에 해당하는 일을 0과 1처럼 관리하여 현장의 관리가 되도록 하는 것을 의미한다. 이는 세부표준과 작업 방법을 통한 근본인자 관리가 되도록 하는 체계로 과거 방식의 개념을 진일보시킨 공정관리 방법이다. 그만큼 디테일하고 치밀하고 철저해야 한다는 뜻이다.

디지털적인 사고를 바탕으로 이러한 과정을 이겨내고 실적으로 만들어내는 순간, 현장 관리의 레벨은 한 단계 올라가게 된다. 이렇게 현장 관리에 디지털 개념이 도입되고 나면 국가적으로 추진하는 4차 산업혁명스마트공장도 그리 어려운 일이 아닐 것으로 본다.

제조업의 4차 산업혁명이 성공하려면 무조건적인 도입이 아니라 도입을 할 수 있는 조건이 만들어져야 한다. 우리나라 많은 기업의 대부분은 이런 현장 관리의 열악한 모습에서 4차 산업혁명은 메아리에 그칠 수 있다. 4차 산업혁명이 성공하려면 생각의 디테일화가 필요하다. 이런 생각의 변화도 받아들일 수 있는 준비가 되어야 성공할 수 있다.

현장 약품 가스(Fume) 개선

부임 초기 당시 사무실과 복도, 현장 등 공장 전체가 약품냄새가 진동하였다. 아침에 입고 출근한 외투는 퇴근 시 약품냄새로 오염되어 집안에 걸어 놓을 수 없을 정도였다. 현장 천장 곳곳이 시뻘겋게 부식되어 있었고, 벽면은 약품 가스가 뭉쳐 바닥으로 흘러내리고 있었다. 설비 배관은 여러 곳에서 누수가 발생하여 바닥을 오염시키고 있었다. 사원들은 아무런 보호구도 착용하지 않은 채 물을 만지듯 약품을 다루고 있었다.

가스를 개선하기 위해 가스 관련 문헌을 참고하여 대용특성을 찾아 측정하여 지표화 하였다. 가스의 입자 크기는 0.1~10.0μm으로 크린룸 이물(Particle) 측정기로 측정이 가능하여 이를 공정의 오염도 측정지표로 삼을 수 있었다.

가스의 대용특성으로 이물 크기(Particle Size) 0.3μm 이상의 누적 측정개수를 관리지표로 삼고 공정별 오염도를 가시화하였다. 이 지표로 가장 오염이 심한 공정부터 개선활동을 전개하였다. 가스는 확산속도가 빠른 에칭류 약품을 사용하는 공정과 유기화합물을 사용하는 SR공정에서 이물이 높게 측정되어 이 부분에 대한 개선방안에 대해서 연구하였다.

4M(Man, Machine, Material, Mothed) 관점에서 관련 부서 사원들의 브레인 스토밍을 통한 가스 확산이 발생하는 인자를 모두 도출하였으며, 해당 인자

▪ 약품가스 오염 현상 ▪

| 현장 오염 및 부식 | 제품 산화 | 현장 오염도 |

에 대해서 영향도를 평가하여 가장 영향이 클 것으로 예상되는 인자를 도출하였다.

사원들은 가스와 냄새에 대한 문제의식이 없이 외부 도어를 개방하여 현상을 없애고 있었다. 에칭 약품 공급(보충)시 작업자가 설비 Tank 도어를 개방하여 비커로 보충하였고, SR인쇄 Screen Mask 세척 후 유기화합물이 남아 있는 세척포를 개방된 휴지통에 버리고 있었다. 현장의 배관은 균열되어 약품의 곳곳에 누수가 되어 있었으며, 설비 약품 탱크의 덮개는 틈새가 벌어져 약품냄새가 진동하였다.

필자는 가스 개선을 위해 부임 초기에 매일 현장에 들어가 사원들과 함께 문제점을 찾고 개선을 위한 아이디어를 만들어 내는 활동을 추진했다.

그 결과 배관 균열 등의 불합리 요소 등 시급하게 개선해야 할 포인트를 112건 적출하여 즉시 개선했다. 개선을 할 때에는 문제로 발생된 현상을 없애는 개선이 아닌 가스가 누설되는 근본원인을 찾아 개선하여 재발이 안되도록 하는 방식으로 하고, 사고 시 중복구성(Redundancy) 설계의 개념을 적용하여 2중의 누설 예방 조치를 하였다. 또 약품 공급을 작업자 수동공급에서 정량공급 또는 자동공급으로 개선하였으며, 설비 약품 탱크 도어를 2중으로 설치하고 전용 배기를 설치하여 누설을 예방하였다. 또 약품 배관에는 사고 및 균열 등에 안전하도록 2중 배관을 설치하였다.

이와 같이 도출된 아이템을 개선하여 공정 내 가스는 80% 이상 감소하였으며, 약품냄새도 사라지게 되었다. 또한 이를 지속적으로 관리하기 위해서 SR인쇄 공정에 유기화합물을 모니터링 할 수 있는 V-Master System을 구축하

• 약품 Fume 개선 사례 •

작업자 공급 → 자동 공급 | 단일 덮개 → 2중 덮개 | 배관(설비) 부식 → 도색 작업

약품 자동 공급 | 2중 덮개 및 Packing 설치 | 배관 및 설비부식 도색

였다. 또한 월 1회 현장안전투어를 진행하면서 환경과 안전에 대해서 경영자부터 사원까지 관심을 가지고 지속적인 모니터링과 개선활동을 진행하여, 이후에 당사를 방문한 많은 고객들로부터 현장 관리의 깨끗하고 안전함에 칭찬을 받는 공정으로 변신하게 되었다.

- 공장장이 솔선하여 함께 참여하여 현장 개선 아이템의 도출을 실시하였다.
- 브레인스토밍을 통해 관련 인자를 도출하고 영향도가 높은 인자를 찾았다.
- 시스템으로 구축하고 과정지표를 만들어 가시화 관리하고 있다.
- 현장을 PDCA기법을 활용하여 가스를 지속적으로 개선되도록 관리하고 있다.

13
문제 발생 확률을 낮추는 방법

_____

하인리히 법칙이란, 대형사고가 발생하기 전에 그와 관련된 수많은 경미한 사고와 징후들이 반드시 존재한다는 것을 밝힌 법칙이다. 직업상 수많은 사고 통계를 접했던 허버트 윌리엄 하인리히Herbert Wiliam Heinrich는 산업재해 사례 분석을 통해 통계적 법칙을 발견하였다. 그것은 바로 산업재해가 발생하여 중상자가 1명 나오면 그 전에 같은 원인으로 발생한 경상자가 29명, 같은 원인으로 부상을 당할 뻔한 잠재적 부상자가 300명 있었다는 사실이었다. 그래서 하인리히 법칙은 '1:29:300법칙'이라고도 부른다. 즉 큰 재해와 작은 재해 그리고 사소한 사고의 발생 비율이 1:29:300이라는 것이다.

큰 사고는 우연히 또는 어느 순간 갑작스럽게 발생하는 것이 아니라 그 이전에 반드시 경미한 사고들이 반복되는 과정 속에서 발생한다는 것을 실증적으로 밝힌 것으로, 큰 사고가 일어나기 전 일정 기간 동안 여러 번의 경고성 징후와 전조들이 있다는 사실을 입증하였다. 다시 말하면 큰 재해는 항상 사소한 것들을 방치할 때 발생한다는 것이다.

사소한 문제가 발생하였을 때 이를 면밀히 살펴 그 원인을 파악하고 잘못된 점을 시정하면 대형 사고나 실패를 방지할 수 있지만, 징후가 있음에도 이를 무시하고 방치하면 돌이킬 수 없는 대형 사고로 번질 수 있다는 것을 경고한다.

하인리히 법칙은 많은 곳에서 통용되고 있다. 당사와 같이 화공약품을 이용해서 제품부품을 생산하는 회사에서는 안전이 무엇보다 중요하므로 환경과 안전에 적용해 볼 수도 있고, 제품의 신뢰성양산과 품질에 하인리히 법칙을 적용해볼 수도 있다.

물론 하인리히 법칙을 적용해도 사고는 발생할 수 있다. 안전율 99.99%에서도 나머지 0.01%에서 사고가 날 수 있기 때문이다. 그러나 99.99%에서 사고 발생 확률은 줄었기 때문에 사고 가능성을 낮추는데 상당히 유효성이 있는 것이다.

그렇다. 핵심은 사고 발생 가능성을 확률적으로 낮추는 것이다. 불량이든 안전사고든 문제 발생 확률을 낮추는 것이 중요하다. 확률을 낮추는 방법에 왕도나 지름길은 없다. FMEAFailure mode and effects analysis나 당사가 자랑하는 안전분임조 등을 통해 차근차근 인자를 찾아 문제가 생기지 않도록 사전 관리하는 것이 좋은 방법이다.

혼자 힘으로 안되는 것은 다양한 컨설팅, 교육, TF 등을 통해 인자를 찾는 활동을 할 수 있다. 실제로 현장의 품질 문제는 교육과 컨설팅을 병행해 추진했고, 이러한 활동에서 찾아진 인자를 선행해 트렌드와 산포로 관리하는 체계를 만들어갔다. 간혹 외부 컨설팅을 받는 경우가 있는데, 일반적인 컨설팅은 시간이 오래 걸리므로 사내 공정의 문제점을 찾고 범위를 좁게 하여 해당 문제점에 집중해 개선하는 방안으로 추진하는 것이 좋다 그러나 인력이 육성되지 않은 상황에서는 직접 문제를 찾는 것이 어려우므로 외부의 역량을 가진 컨설턴트를 찾아 개선하면서 일하는 방법을 배워야 한다.

환경·안전의 경우 문제가 발생할 수 있는 인자가 매우 많고 다양해 어느 한 곳만 집중하여 개선하는 것이 큰 의미가 없을 수도 있지만 꾸준하게 해나가는 것이 중요하다. 열심히 개선을 했는데 갑작스럽게 사고가 난다면 맥이 빠질 수도 있다. 그렇다고 과거로 회귀하면 곤란하다. 아무리 사고가 났다고 하더라도 방향이 맞는다면 더욱 꾸준하게 인자를 찾고 예방하는 활동을 해야 한다. 문제 발생 여부와 상관없이 우선시 되어야 한다. 그것만이 미래의 사고를 예방할 수 있는 길이다.

과거에는 다양한 인적·물적 사고가 있었는데, 이를 개선하기 위해 그동안 안전제안제도와 현장 Patrol 등을 통해 문제점을 찾고 개선하는 방식으로 불량이 발생할 수 있는 인자를 미리 제거하는 방법을 추진했다. 또 현장의 불안전한 상태와 작업방식은 안전분임조를 활동시켜 표준화하고 안정화해 위험요소도 개선하고 안전에 관한 사원들의 의식을 높였다. 이러한 활동으로 고객 NCR 건수도 90%를 개선하였고, 현재 품질에서 극한 수율을 보이고 있다. 또한 환경·안전에서도 지속적으로 무사고를 이어가고 있다.

품질, 안전은 무결점, 무사고 확률 100%가 되어야 한다 ___
불량을 개선하고 무사고를 위한 환경·안전 활동은 확률 게임과 같은 것으로, 불량과 사고가 발생할 인자를 미리 찾는 활동을 통해 문제가 발생할 가능성을 낮추는 것이 핵심이다. 모든 산업 현장의 안전사고는 불안전한 상태에서 불안전한 행동으로 인하여 발생하는 것이다.
당사는 분임조를 구성하여 불안전한 상태와 불안전한 행동을 일단 동영상으로 촬영하여 조원과 함께 시청하며, 불안전한 상태와 행동을 함께 인식하고 대책을 세워 개선하고 그런 사례들을 표준화하는 활동을 하고 있다. 그것은 모든 종업원의 행복과 회사의 지속 발전 가능성을 올려준다. 활동의 궁극(窮極)은 품질 향상과 유지, 환경·안전사고가 제로가 되도록 하는 것이다.

14

지식과 지혜 그리고 지략

지식과 지혜는 어떻게 다를까? 비슷한 말인 것 같은데 의미가 다르다. 우리가 흔히 책을 통해 반복 학습으로 익힐 수 있는 것을 '지식'이라 하고, 지식을 바탕으로 올바른 판단을 할 수 있는 능력을 '지혜'라고 하며, 지혜를 통해 이길 수 있는 능력을 갖춘 것을 '지략'이라고 한다.

과거 당사는 지식이 부족했다. 지난 5년 전부터 각종 교육을 통해 제조나 검사 기술에 필요한 지식을 반복학습으로 익히고 있는데, 이를 통해 올바른 판단을 할 수 있는 지혜가 길러지기를 기대한다.

과거 당사는 TV 한 품목을 위주로 삼성이 고객의 전부라고 할 정도로 운영되어 왔기 때문에 새로운 시장과 거래처 개척의 필요성을 느끼지 못했다. 그래서 새로운 기술개발이나 영업의 필요성 또한 느끼지 못했다. 당시 물량이 오면 생산하고 그렇지 않으면 현장을 놀리는 방식이었는데, 필자는 이것을 '천수답물의 근원이 전혀 없어 오로지 빗물에 의지하여 경작하는 논 영업'이라고 표현했다. 아주 초보적이고 기본적인 영업 수준에서 벗어나지 못하고 있었다.

그런데 가격인하가 진행되면서 경쟁력이 사라지다 보니 고객은 가격을 싸게 제시하는 경쟁사로 물량을 돌리기 시작했고, 이에 당사는 생존을 위한 해외거래선 개척을 본격화하기 시작했다. 처음에는 그동안 영업을 하지 않아도 고정적으로 오는 수주P/O에만 의존해왔기 때문에 새로운 고객을 개척하는데 많은 애로를 겪었다.

어떻게 하면 영업 수준을 올릴 수 있을까를 고민한 결과, 그동안 영업에 대한 교육이 충분하지 못한 것을 이해하고, 이 부문을 강화해야겠다는 결론을 내렸다. 하지만 교육을 한다고 해서 영업력이 하루아침에 올라가는 것이 아니다. 교육을 통해 지식은 얻겠지만 이것을 지혜로 연결시키는 것은 쉬운 것이 아니기 때문이다. 이것은 마치 회사에 존재하는 문화를 바꾸는 것과 같은 일이다. 경험이 쌓이고 꾸준한 노력이 뒷받침되어야만 비로소 지식이 지혜로 바뀔 수 있다.

지혜와 지략이 있으면 어떤 순간에도 영업 즉, 마케팅과 연결시킬 수 있게 된다. 다음은 추이원량, 우흥수의 저서 《지모》에 나오는 이야기다.

"미국의 한 출판업자는 대통령을 이용해 처치 곤란이던 책을 모두 팔았을 뿐 아니라 엄청난 돈을 벌 수 있었다. 어느 날, 창고에 가득 쌓여 있던 재고 책 때문에 골머리를 앓고 있던 출판사 사장은 친구를 통해 대통령에게 샘플 책을 한 권 보냈다. 시간이 지나고 드디어 이 책을 보게 된 대통령은 그저 쭉 한 번 훑어보고는 무심코 '괜찮은 책이군!' 이라고 말했다. 출판사 사장은 대통령의 말 한마디를 이용해 광고를 만들었고, 그 결과 한 달 만에 그 많던 재고를 모두 처분할 수 있었다. 얼마 후 창고에는 또 다른 재고가 쌓이기 시작했다. 앞에서 이미 재미를 본 적이 있었던 사장은 또 다시 책 한 권을 대통령에게 보냈다. 하지만 한 차례 당한 경험이 있던 대통령은 이번에는 책을 펼쳐 보지도 않고 '정말 형편없는 책이야!'라고 말했다. 그러자 출판사의 사장은 또 다시 이를 이용해 책 광고를 시작했다. '대통령이 쓰레기라고 비평한 책!'이라고 광고를 시작했다. 얼마 후 책은 남김없이 팔렸다."

지금 우리는 지식과 지혜를 쌓기 위한 노력의 시간을 보내고 있다. 대표로서 필자는 부지런히 멍석을 깔아주고 뿌리를 내리도록 하는 역할을 할 뿐이다. 이러한 결과로 작은 성공사례가 하나하나 만들어지기를 바라며 그 결과로 지략을 갖춘 회사로 성장되기를 바란다.

지혜와 지략을 갖춘 인재가 성공을 견인한다 ____

특히 지혜와 지략을 구사하는 기술이 필요한 것은 영업이다. 또한 영업맨은 무에서 유를 만들 수 있는 능력을 갖추고 있어야 한다. 그러나 이것은 하루아침에 만들어지는 것이 아니므로 필요에 따라 유능한 인재를 영입하는 것도 한 방법이 될 수 있다. 현대와 같은 시대의 IT 영업맨은 고객이 필요로 하는 해결책을 제시할 수 있어야 하므로, 경우에 따라서는 사내의 유능한 엔지니어를 영업 엔지니어(Sales Engineer)로 육성하는 것이 바람직하다.

15

What to do에서 How to do로

What to do무엇을 할 것인가의 중요성은 두말할 나위가 없다. 현상에서 무엇이 문제인지를 찾아내는 것도, 또 미래를 위해서 무엇을 할 것인가도 매우 중요한 항목이다. 큰 그림의 방향을 잡기 때문이다.

이렇게 무엇을 할 것인가는 잘 찾아내지만 그것을 실행하기 위한 '어떻게 할 것인가How to do'는 부족한 경우가 많다. 당사에서도 개선의 대상이 무엇인지를 잘 찾아내지만, 어떻게 개선할 것인가에 대해서는 미진한 모습을 많이 본다. 이러면 일의 결과는 실행력의 부족함에서 오는 것으로 용두사미처음에는 좋으나 끝은 보잘 것 없음가 되어 버린다.

우리는 개선 대상의 문제를 찾아도 해결방식에서 애로를 많이 겪었다. 공정에서 발생하는 문제도 다양하지만 관리해야할 인자도 다양하기 때문에 사실 근본원인을 찾는 것은 쉬운 일이 아니다. 게다가 제조를 하는 곳은 항상 4M이 변하기 때문에 문제가 발생하면 분석하는 사람마다 다른 결론을 내놓았다. 사람마다 눈높이와 방법이 다른 탓이었다. 이런 경우 How to do가 약해질 수밖에 없다.

필자는 이런 문제를 해결하기 위해 '어떻게 할 것인가'를 결정하기 전에 고장모드영향분석FMEA, Fault Mode and Effects Analysis이나 특성요인도Fishbone Chart를 사용하도록 강력히 권고했다. 하지만 체질화가 되어 있지 않아 잘 지켜지지 않았다. 그러다 보니 시간도 걸리고 유효성도 떨어졌다. 그래서 다음으로 취한 방법은 '어떻게 할 것인가'를 결정하기 전에 이러한 불량의 메커니즘적 분석 내용과 인과관계를 분석한 내용이 없으면 보고를 받지 않겠다고 선언했다. 또 분석 내용을 엔지니어들이 서로 공유하도록 했다. 이것을 체질화 및 습관화하여 유효성이 있는 참원인을 찾는 능력을 올리도록 한 결과 '어떻게 할 것인가'에 대한 효과가 나타나기 시작했다.

'어떻게 할 것인가'의 핵심은 '실행력'이다. 실행력을 높이기 위해서는 일 중심으로 과제화 하는 것이 중요하다. 그래서 누군가는 '과제를 동사형으로 만들어야 한다'고 표현한다. 맞는 말이다. 동사형으로 움직일 수 있는 조직이 되도록 과제를 동사형으로 만들어가는 것이 중요하다. '대략, 적당히 등'처럼 개선과제에 형용사, 부사가 들어가면 문제의 현상만을 나타냄으로 무엇을 해야 하는지 애매해진다.

What과 How는 다른 말임에도 불구하고 혼돈해서 사용하는 경우가 종종 있다. 그러나 완전히 다른 개념으로 대상 과제의 핵심을 명확하게 하고, 실행력을 배가시키는 것이 현장 혁신 성공의 관건이다. 제품에 따라 고장모드영향분석FMEA이나 고장트리 분석FTA, Fault Tree Analysis 등으로 분석하고, What과 How를 명확하게 구분하여 인적자원을 투입하는 것이 효율적이다. 이것은 제조뿐만 아니라 회사의 모든 업무에 반영할 수 있다.

과제 실행력으로 성과를 배가시키는 방법 ___

1. 개선의 대상을 명확하게 한다(숫자화하는 것이 중요)
2. 메커니즘 해석을 통해 원인을 규명한다
3. 대책은 팀워크(집단)를 통해 수립한다(다수의 의견을 반영하는 것이 중요)
4. 대책 수립 시 형용사, 부사 등 애매한 표현은 배제한다
5. 실행 전 사전 스터디를 통해 가능성을 높인다
6. 실행에 대한 모니터링을 실시한다
7. 적절한 피드백을 통해 완성도를 높인다
8. 개선된 사항에 대한 칭찬을 통해 의욕을 고취시킨다
9. 완성된(개선) 사항을 표준화하고 기준으로 정립한다

16
검사를 하는 이유 3가지

———

제품 검사는 부가가치를 만드는 공정이 아니다. 당사의 제품은 제조에서 출하까지 기본 리드타임이 2주일 정도다. 제품은 Fine Pitch20um : pattern 8um, space 12um로 1,000여 개의 선 중에서 한 선이라도 끊어지거나 손상Damage을 입으면 안되다 보니 제품을 만들어 출하하기 전에 품질을 보증하기 위해 많은 검사공정을 거치도록 설계가 되어 있다.

이렇게 긴 리드타임에서 검사의 역할은 무엇일까?

첫째, 불량을 유출시키지 않는다.

이 일에는 적당히 하거나 타협이 있어서는 안된다. 한 톨의 불량이라도 유출이 안되도록 해야 하며 고객이 관리하는 기준 Spec예를 들면, 100ppm이라고 할 때보다 낮은 불량이 유출되고 있다고 하여 그 정도면 된다는 인식이 있어서는 안된다.

샘플링 검사 방식이라면 통계적인 유의 수준에서 불량이 유출되는 것을 용인할 수 있겠지만, 전수검사는 당연히 0ppmparts per million, 1ppm은 1,000,000개 중 1개의 불량이 있다는 것을 의미한다이 되어야 한다. 과거 전수검사임에도 불구하고 어느 정도의 불량은 유출될 수 있다는 인식으로 일해 왔는데 지금부터는 그 개념을 바꿔야 한다.

'불량의 유출은 허용되지 않는다'고 인식하는 것과 '유출될 수도 있다'는 인식은 분명히 다른 결과를 낳는다. 물론 '불량 유출은 안된다'는 개념으로 검사를 해도 불량이 유출될 수 있겠지만, 그러면 철저하게 재발 방지 대책을 강구하고 동일한 문제가 발생되지 않도록 최선을 다할 것이다. 그러나 개념이 불량 유출이 허용될 경우에는 허용 범위 내에서는 유출이 되더라도 대책을 세우지 않게 된다. 모든 불량 유출 방지 대책은 비용 측면을 고려해야 하겠지만, 제품의 특성이나 신뢰성에 관련되는 일이라면 비용과 무관하게 대책이 마련되어야 한다는 것을 인식해야 한다.

둘째, 생성된 정보의 빠른 피드백이다.

검사공정에서 발견된 불량이 투입단계에서 만들어졌다면 정보를 빠르게 전달하여 앞쪽에서 조치가 들어가야 한다. 리드타임이 2주라고 한다면 그동안 전 공정에 제품으로 가지고 있는 내용만 해도 상당한 양의 제품이 유동되고 있을 것이다. 따라서 후공정에서 확인된 불량의 정보는 실시간으로 앞 공정으로 피드백 되어, 앞 공정에서 제품 유동이나 처리의 기본 데이터로 활용이 되어야 한다.

간혹 부서가 다르다는 이유로 정보 전달이 지연되거나 안되는 경우가 있는데, 부서가 다르다고 책임에서 벗어날 수 있는 것이 아니다. 어떻게 빨리 정보를 전달해 공정의 피해를 최소화할 것이냐가 회사 입장에서는 큰 손실을 줄일 수 있는 중요한 요인이 된다.

셋째, 생산성의 제고(비용 개선)이다.

당사 제품은 전수검사이다 보니 시간이 많이 걸리고 생산성도 많이 떨어진다. 또한 검사하는데 많은 인력이 필요하다. 한 타임공장을 24시간 운영하기 위해서는 3교대 타임 운영이 필요하며 이중 한 타임을 이야기한다에 80명이 필요하다고 가정하면 3조 3교대 시에는 총 240명, 4조 3교대를 도입하면 총 320명이라는 엄청난 인력이 필요하다. 단순한 검사에만 이렇게 많은 인력을 필요로 하게 되면, 제품에 부과되는 비용이 큰 경쟁력 저하 요인으로 작용한다.

매년 요구되는 판가 인하를 극복하는 방법은 투입Input 대비 생산Output의 증가이고, 물량의 지속적인 증가나 재료비의 인하, 인건비, 경비의 개선이 이루어져야 한다. 현실적으로 원가 개선은 판가 인하분을 커버하는 것은 고사하고, 판가 인하분의 반을 개선하는 것도 어려운 상태이기 때문에 인력이 많이 필요로 하는 검사공정에서의 인건비를 줄이는 것은 무엇보다 중요한 과제다.

제조 회사에서의 검사 목적 ___

1. 불량의 유출 방지
2. 생성된 정보의 실시간 피드백
3. 생산성(인건비 등 비용 개선) 향상

※ 검사라는 비부가가치를 부가가치로 전환하는 업무가 검사의 목적이다.

Auto verify System은 검출된 이미지를 Master 이미지와 패턴(Pattern) 특성과 비교하여 확실한 불량에 대해서는 시스템에서 자동으로 불량 처리하고, 이물에 의한 Verify 이미지는 거르게(Skip) 한다. 나머지 Verify 이미지에 대해서 작업자에게 전송되어 양품과 불량을 판정하도록 한다. 과거 Verify 검사원이 100% 판별하던 부분을 시스템에서 이미지를 분석하여 세 가지 유형(강제 불량, 이미지 Skip, Verify 검사)으로 1차 판별하게 된다.

시스템 적용 후 Verify 이미지 수를 58%(5.5ea → 3.1ea)로 저감할 수 있었다. 또한 이미지 수 감소로 검사시간이 30% 단축되어 인력 효율화가 28% 이루어졌다. 개선의 가장 큰 효과는 변별력을 높임으로써 작업자의 판단 실수로 인한 불량 유출을 줄일 수 있었다.

▪ NCR Trend(2015년 1월~2016년 12월) ▪

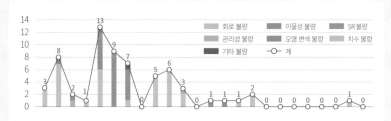

- 검사의 목적을 명확하게 정의를 내리고 업무와 개선의 방향을 정했다.
- 제품 제조가 끝나야 검사하는 것에서 In Line으로 검사하는 방식으로 전환했다.
- 검사 혁신의 방향을 선정하고 협력사와 함께 계획적으로 추진했다.
- 검사 비용의 Zero라는 관점에서 개선을 해왔다.

17
모든 답은 현장에 있다

흔히 머리에서 가슴까지의 여행이 어렵다고 한다. 냉철한 머리보다 따뜻한 가슴이 더 어렵기 때문이다. 또 하나의 긴 여행은 가슴에서 발까지라고 한다. 발은 실천이고 현장이며 숲이다. 즉, 실행이 답이다. 아무리 좋은 구슬도 꿰어야 보배가 되듯이, 아무리 계획이 좋아도 실행을 못하면 의미가 퇴색된다.

성과는 역량과 실행력의 곱이라고 한다. 따라서 개개인의 역량을 개발시키고, 실행력을 제고하는 것이 성과를 크게 만드는 길이 된다. 그러려면 발품을 팔고 현장을 누벼야 한다. 제조 현장은 물건을 만드는 곳이고, 영업 현장은 고객과 만나는 곳이다. 모든 문제는 현장에서 발생하고 답도 현장에 있다. 따라서 현장을 멀리하면 안된다. 모든 관리자나 엔지니어는 말로만 하지 않고 실행력을 높이는 것이 중요하다.

실행력을 높이는 방법 중 하나가 자발적으로 답을 구하게 만드는 것이다. 지시할 때 상대방의 의견을 구하고 상대로부터 결론을 유도한다. "이것에 대한 자네 생각은 어떠한가?"라고 묻고 답을 구하면 자발적으로 실행력을 높일 수 있다.

필자가 회사에 부임하고 나서 느낀 모습은 현장에 가스Fume가 많아서인지당시는 건욕하고 나면 현장의 오염도가 5~10배 이상 증가하는 경우가 허다했다 기술을 책임지는 사람들이 현장 출입을 꺼려했다. 누군들 현장에 들어가서 화공약품 냄새를 맡고 싶어 할까? 그 심정이 이해는 되지만 그 문제를 개선해야 할 책임자가 현장을 멀리한다는 것은 말이 안됐다.

이 문제를 해결하기 위해 솔선수범하는 모습이 가장 중요하다 생각하고, 현장을 매일같이 2~3회 들어가서 개선해갔다. 어느 정도 현장의 가스가 개선이 되자 제조그룹제조와 제조기술 스스로 효율적인 관

현장의 문제를 찾기 위한 핵심 Tip ___
1. 데이터를 제대로 읽는 훈련하기
2. 데이터로의 다양한 층별(層別)하기
3. 현안을 현장에서 확인하기
4. 현안의 개선을 과제화하기

※ 현장의 문제를 올바르게 찾기 위해서는 데이터의 신뢰도와 데이터를 읽는 능력도 중요하지만, 데이터를 다양하게 층별해서 트렌드를 찾아내는 것이 핵심이다.

리를 위해 현장으로 사무실을 옮기겠다고 했다. 그러면서 현장다운 현장으로 변해가기 시작했다.

이제는 모든 고객들로부터 칭찬을 받는 곳으로 바뀌었다. 현장에 문제가 있듯 답 또한 현장에 있다. 책상에만 앉아 고민할 것이 아니라, 직접 가서 확인하고 발품을 팔아 해결하자.

18

제3자의 눈으로 문제를 바라보자

　우리는 매일 크고 작은 문제에 봉착하게 된다. 하지만 문제를 제대로 느끼고 찾아내는 것만큼이나 문제를 일으키는 참원인을 찾고 개선책을 찾는 것 또한 중요한데 현실은 그렇게 하지 못하는 경우가 많다. 현장에서 발생하는 문제는 참원인이 찾아졌을 때 개선방법이 그리 어렵지 않는 경우가 많다. 그만큼 참원인을 찾는 것이 중요하다.

　그러나 제조가 아닌 지원영업, 구매, 관리, 인사 등에 관한 문제는 눈에 보이지 않는 문제이다 보니 그렇지 않은 경우가 많은 것 같다. 그런 연유로 원인과 대책을 구할 때 진실로 고민한 흔적이 보이지 않는 경우가 많다. 충분한 고민을 하지 않고 만들어내는 대책은 실효성, 유효성이 적을 수밖에 없다. 매번 그 나물에 그 밥이 된다. 그러니 문제가 돌고 돌아 발전이 있을 수 없다. 근본적인 문제를 해결하기 위해서는 주관적인 편향된 관점이 아닌 객관적인 입장으로 문제를 볼 수 있도록 깊은 고민이 동반되어야 한다.

이등병의 빨래 이야기를 예로 들어 보자. 이등병이 추운 겨울날 찬물에 빨래를 하고 있었다. 지나가는 소대장이 취사반에 가서 뜨거운 물을 받아다가 빨래를 하라고 지시했다. 이등병은 취사반으로 가서 뜨거운 물을 달라고 했다가 야단만 듣고 왔다. 중대장이 지나가다 같은 모습을 보고 취사반에 가서 뜨거운 물을 받아다 손을 녹이면서 하라고 했지만 이등병은 가지 않았다. 가봐야 또 야단을 들을 것이 뻔했기 때문이다. 이 모습을 본 주임상사가 다음과 같이 지시했다.

"내가 세수를 하려고 하니 취사반에 가서 뜨거운 물을 받아 오게."

이등병이 가서 설명을 하니 뜨거운 물을 받아 올 수 있었다. 상사는 이등병에게 그 물을 주며 손을 녹이면서 빨래를 하라고 했다.

같은 문제라도 보는 관점과 해결하는 관점이 다르면 결과도 달라진다. 문제를 보는 관점은 객관적이어야 하고, 문제를 두고 깊은 고민을 해야 참다운 해결책이 보인다. 일방적이고 단순한 지시와 지적은 문제 해결에 도움이 되지 않는다.

> **리더는 제3자의 눈으로 문제를 바라본다** ____
> 조직의 장이 일방적인 지시와 지적만 한다면 문제를 해결할 수 없고, 조직의 기동력이 떨어지게 된다. 조직의 장은 문제를 찾고 해결책을 줄 수 있어야 한다. 그래야 밑으로부터 신뢰관계가 만들어진다. 문제를 정말 개선하고 싶은가? 그렇다면 나는 문제 해결을 위한 어떤 솔루션을 주고 있는가를 생각해 보자.

19

한 번 올라간 전투력은
쉽게 약해지지 않는다

―――――

　현장이 안정되면서 본격적으로 인재를 육성하기 위해 전사적으로 가장 중요한 역할을 해줘야 하는 그룹장들에게 이런 질문을 던졌다.

　"조직 내에서 리더의 역할은 무엇인가?"

　조직의 장은 문제의 핵심을 읽을 수 있는 능력이 있어야 하고, 그 문제점을 시스템과 프로세스로 만들어내고 정립할 수 있는 전문가이어야 한다.

　그리고 중요한 역할의 하나가 부하 직원의 육성이다. 어찌 보면 가장 중요한 책임이므로 자기에게 주어진 50%의 시간을 인재 육성에 할애해야 한다. 조직원의 능력 배양 또는 육성이라고 하면 교육을 떠올리곤 하는데, 여기서 교육은 강사를 통해서만이 아닌, 해당 부문의 일하는 방법을 포함한 포괄적인 것을 이야기 한다.

회사에서 필요한 소양에 관한 교육은 사원 육성 프로그램에서 익히면 되지만, 실제 업무에 필요한 스킬은 선배 사원에게 배워야 한다. 이러한 것을 교육의 범주에 포함시켜서 조직원들에게 일을 주고 모니터링하고 피드백을 주어 자연스럽게 조직에 녹아들도록 해주는 역할이 파트장, 그룹장이 할 일이다. 따라서 파트장이나 그룹장은 이러한 능력을 갖춘 사람으로 임명해야 한다. 그러나 애석하게도 그동안 사내에 그러한 인력이 충분한 편은 아니라서 최근에 일하는 방법을 외부 컨설팅을 통해 배워왔다. 조금 더 시간이 지나면 조직의 장들이 후배사원들을 육성하는 역할과 책임을 활발하게 하게 될 것이다.

　군대의 전투력을 생각해 보자. 필자는 군대 생활을 전방에 있는 철책사단의 포병부대에서 통신과장을 역임했는데, 당시 전임 선배 장교들의 혹독한 훈련으로 우리 대대는 군 포술 경연대회에서 늘 우승을 하곤 했다. 이렇게 우승을 거듭하면서 그것은 하나의 전통이 되었고, 이후 우리 부대는 대대장이 나서지 않아도 늘 포술 경연대회에서 우승을 차지했다. 이처럼 한 번 올라간 전투력은 쉽게 약해지지 않는다. 전투력을 올리기 위해 처음에는 힘들었을지 몰라도 이후에 들어오는 사병들의 훈련과 교육을 전임 고참들이 자연스럽게 맡으면서 전통이 만들어진 것이었다. 한 번 육성된 전투력은 지속적으로 전수가 되는 법이다. 이는 회사에서도 마찬가지다. 그만큼 리더와 선배 사원의 역할은 중요하다.

베이비 붐 시대에는 형제가 많아 한 집안에 잘난잘사는 형제도 있고, 좀 못난못사는 형제가 있어도 부모들도 그러려니 했다. 하지만 핵가족 시대인 요즘은 자녀가 많아도 둘이고 하나인 집도 많다. 금이야 옥이야 귀하게 길러왔다. 그런데 이렇게 귀한 남의 집 자녀들을 채용하고 단순하게 급여를 준다는 이유로 육성을 소홀히 하는 것은 회사가 사회적인 책임을 다하지 못하는 것이다. 그래서 채용도 신중하게 해야 하지만, 일단 채용을 하면 올바른 사원으로 육성해 회사의 미래로 만들어야 한다. 훗날 어떤 일을 하더라도 제 몫을 다하는 사원으로 성장하도록 지원해줘야 한다.

20
누구에게서 일을 배워
이렇게 일을 잘하는가?

———

필자는 과거 주재원으로 10여 년을 해외에서 근무한 적이 있다. 중국에서 4년 정도 근무했었는데 당시 모시던 법인장이 필자에게 물었다.

"자네는 누구 밑에서 일을 했는가?"

"전에 모셨던 ○○○께 일을 배웠습니다."

"아, 그래서 그렇게 일을 잘하는군."

졸지에 모시던 상사까지 칭찬을 받게 된 것이었다.

누군들 그러한 이야기를 들으면 좋지 않겠는가? 필자는 우리 회사에 입사한 모든 사람들이 인재가 되기를 기대한다. 잘 육성된 인재가 회사의 미래를 밝히기 때문이다. 당사뿐만 아니라 대한민국의 어디에서 근무하게 되더라도 향후에 나와 같이 일한 사원들이 "당신은 어느 회사의 누구에게 일을 배웠기에 이렇게 일을 잘하는가?"라는 소리를 듣게 된다면 필자는 더없이 기쁠 것이다.

당사는 2014년부터 전사적인 인재 육성을 위한 개선이 필요함을 느꼈다. 사원들의 구태를 벗고 부족한 전문 분야의 지식을 채워주기 위해서도 교육이 필요했다. 그러나 회사에 인재 육성 시스템은 오래되고 가동이 제대로 되고 있지 않아, 필자는 어떻게 하면 이 문제를 개선할 수 있을까를 고민했다. 결국 인재를 육성하고 관리하는 인력을 별도로 채용하기로 하고 이 부문에 경험이 있는 대리급 사원을 채용했다.

채용 후 별도 면담을 통해 당사의 문제를 알려주고, 한 달간 우리 회사의 교육 실태와 인재 육성 시스템의 문제점을 조사하고 개선방안을 만들어 달라고 했다. 한 달간 직접 모니터링을 해본 후, 부족한 부문에 한해서는 시간을 추가로 주면서 당사의 교육과 인재 육성에 대한 제도를 보완했다.

그 후 본격적으로 사내와 사외 강사를 해당 부문에 맞게 배치하여 인재 육성 프로그램을 가동했다. 이렇게 인재 육성 프로그램을 3년째 가동해 오고 있다. 사외 강사나 컨설턴트를 통해 해당 분야의 부족한 지식을 습득하도록 하고 일하는 방법을 꾸준히 교육하고 육성한 결과, 그동안 고객사에서의 불만사항수준이 낮다, 주먹구구식이다이 해소되어 '일을 잘 한다', '대기업에 뒤지지 않는다'는 고무적인 말이 들리기 시작했다.

그러나 아직은 시작단계다. 인재는 하루아침에 육성되지 않는다.

특히 같은 일을 오랫동안 습관적으로 반복해온 사람들은 생각이나 일하는 방식이 그리 쉽게 변하지 않는다. 오죽하면 세살 버릇 여든까지 간다고 할까! 교육을 통해 변화된 것처럼 보이지만 변화되는 의식이 행동을 지배할 수준까지 되려면 이제부터가 중요하다.

21
자기 능력의 최대 140% 업무를 주어라

───────

　인재를 육성할 때 그릇의 크기를 키워야 한다. 현재 하는 일에 만족하면 미래가 없다. 그냥 시계추처럼 왔다 갔다 하면서 회사를 급여만 받으면 되는 곳으로 여기고 다니면, 사원들의 역량은 만들어지지 않는다. 사원들의 역량을 키우기 위해서는 경쟁체제가 만들어져야 한다. 그리고 훌륭한 결과에는 보상이 따라야 한다.

　이러한 문제를 개선하기 위해 다양한 인센티브 제도를 만들고 건강한 경쟁체계를 만들어 가려고 애쓰고 있다. 그리고 사원들의 능력을 향상시키기 위해 업무량을 조금씩 늘리고 있다.

　현재 하고 있는 업무가 본인 능력의 100%라고 하면, 일정 기간 후 120%, 140%까지 업무를 늘려주면서 일을 잘 소화하는지 모니터링하는 것이 필요하다.

보통, 일의 양이 늘어나면 혼자 하던 방식에서 벗어나 주변 사람들이나 조직원들과 협업을 하는 방안을 찾는다. 이 과정을 통해 협업에 필요한 내용과 인간관계를 자연스레 배우고, 네트워크를 이용한 방법을 배우면서 관리자로서의 역량도 만들어진다.

"역량을 키우려면 자기 능력의 최대 140% 업무를 주어라!"

필자가 신입사원 시절 선배에게 들은 이야기다. 물론 지금은 과거와 달라 무작정 일만 늘려줘서는 안된다. 일단 일을 하기 위한 기본 교육이나 능력을 만들어 주고, 점차 중견사원으로 가는 과정에서 자연스럽게 일을 늘려 주면서 일하는 방법에 대한 지도Coaching를 함께 해줘야 한다는 점을 간과하면 안된다.

22

회의에는 결론이 필요하다

———

　모든 일에는 문제가 발생하고, 이 문제를 개선하기 위해 크고 작은 각종 회의가 열린다. 회의 중에 쉽게 결론이 나는 내용도 있지만 좀처럼 결론에 도달하지 못하는 경우도 많다. 그리고 소수 인원이 참석하는 회의는 참석자 전원이 발언을 하겠지만, 회의 규모가 큰 경우에는 전원이 발표를 할 수 없다. 그러나 어떠한 경우라도 회의는 앞으로 나아가기 위한 매개체이기 때문에 소홀히 할 수는 없다. 회의가 많고 결론이 안나면 업무 스피드가 떨어질 수 있다. 그러니 어떻게 하면 회의를 효율적으로 할 수 있을지를 늘 고민해야 한다.

　사내에서는 월간 전사회의로 환경·안전 회의, 제조품질 회의, 경영실적 회의, 판매전략 회의, 연구개발 회의 등을 진행하고 있다. 기타 이슈 사항은 매월 안건을 정해 실시한다. 회사 규모가 작기 때문에 전사회의는 부서장 이상 직급 대부분이 참석한다. 회의시간은 대략 1시간 이내로 정해놓았지만, 실제 회의가 진행되면 생산량이든 품질이든 손익이든 자세한 내용을 다루다 보니 1시간을 넘기는 경우가 많다. 전사회의는 회의의 결론을 도출하기보다는 실적을 확인하고 부진의 원인과 앞으로의 대책을 강구하는데 초점을 맞추다 보니, 토론과는 거리가 있고 결론이 없는 경우가 많다. 하지만 회의의 효율화와 스피드를 위해서는 회의의 결론은 필요하다고 생각하고 결론을 도출하도록 유도하고 있다.

다음은 메드세리프 저서 《찬스》를 일부 참고하여 정리한 것이다.

회의 시 자신의 의사전달 습관을 점검해볼 필요도 있다. 문제점을 발견했다면 적극적인 자세로 빠른 시간 내에 고치도록 노력한다. 다음의 세 가지 사항을 염두에 둔다면 나날이 발전됨을 느낄 것이다.

첫째, 충분히 생각한다.

문제가 생겼을 때는 말하기 전에 그 문제가 생기게 된 원인, 이유, 해결 방안을 충분히 생각한다. 이렇게 사전에 충분히 준비하면 자신의 의사를 사리에 맞게 효율적으로 개진할 수 있는 능력이 향상된다.

둘째, 반론은 호의적이고 논리적으로 한다.

나와 의견이 다른 것은, 말 그대로 다른 것이지 틀린 것이 아니다. 의견은 입장에 따라 문제를 보는 관점에 따라 충분히 다를 수 있다. 나와 의견이

다른 상대의 말은 끝까지 경청하고, 그와 의견이 같은 부분은 동의를 표시한 뒤에 논리적으로 의견을 펴는 것이 좋다.

셋째, 분노와 단호한 태도를 구분한다.

흥분한 순간 이성이 마비되고 감성적이 되기 쉽다. 따라서 자신의 말에 상대방이 지나치게 감정적인 반응을 보이더라도 나까지 거기에 자극받아 흥분하지 않도록 자제해야 한다. 자신이 침착하면 상대방의 흥분된 모습이 대조적으로 부각된다. 그리고 자신의 침착한 태도는 오히려 상대방을 위압하는 이중적 효과를 줄 수 있다. 아무리 준비를 잘 했어도 회의 중 트러블은 발생할 수 있다. 따라서 자주 발생하는 문제에 대해서는 어떻게 대처할 것인가를 미리 생각해두는 것도 좋은 방법이다.

어떤 회의든 회의를 할 때에는 문서 작성부터 토론용으로 만들어야 실제 회의에서도 토론할 수 있다. 회의 자료는 하루 전에 배포하고, 자료 내용은 사전에 숙지하도록 하여 해당 이슈를 이야기할 때 결론이 날 수 있도록 해야 한다. 회의가 길어질 때는 주관 또는 진행자가 별도로 일정을 정해 소주제로 회의를 하는 것이 좋다. 또 주제를 세분화하고 짧게 끊어서 회의를 진행하는 것이 결론 도출에 유리하다. 이러한 내용이 체질화되어 회의문화가 바뀌기를 기대한다.

공정최적화 프로젝트로 사원들에게 문제해결 툴에 대한 활용 방법을 교육시키고 문제 해결에 대한 자신감(작더라도 성공사례를 만들어 할 수 있다는 자신감을 심어주었다)을 심어줄 수 있는 좋은 기회가 되었다.

프로젝트의 가장 큰 성과는 회로결함 NCR이 70% 감소하여 고객으로부터 제품 품질에 대한 신뢰를 얻은 것이었다. 이후 공정을 더욱 강건하게 관리하기 위해 Loss를 줄이는 '극한수율달성 프로젝트'를 연계하여 진행하였다.

본 프로젝트는 원류관리 측면에서 대상 원부자재를 확대하여 적용하면서 특성치에 대해서 제품영향도 및 공정능력에 따라 4블록 다이어그램(Blok Diagram)으로 A, B, C, D 등급으로 분류하였고, 협력사와 함께 개선 아이템을 도출하여 개선활동을 전개하였다. 이 활동 결과 중요항목에 대해서 관리규격 이탈을 64%에서 0%로 개선할 수 있었다.

▪ 원자재 등급 분류 ▪

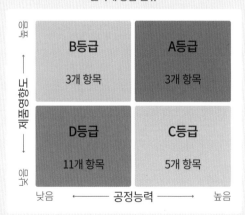

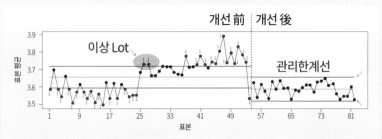

• S사 Cu두께 X bar 관리도 •

회로결함 강건성 확보를 위해 PRC공정에서 추가 인자를 도출하고 개선하였으며, 이를 통계기법으로 활용하여 유효성을 검증하였다. 그 결과 회로결함 Open 및 결손 불량률 67%가 개선되었다. 두 번에 걸친 프로젝트 활동으로 내부적으로 어렵다는 수율 95%를 달성하였으며, 달성된 수율은 큰 변동 없이 지속적으로 유지시킬 수 있는 제조 환경을 만들었다. 특히 사원들의 문제 해결 툴의 사용 빈도가 크게 증가하였다.

또한 문제를 해결하기 위한 정량적 데이터를 수집하고 이를 분석함으로써 객관화시킬 수 있는 능력이 생겼다는 것을 확인할 수 있었다.

- 원류관리에 중점을 두고 원부자재의 공정능력 수준을 파악하였다.
- 공정능력과 제품의 영향도를 4블럭 다이어그램으로 가시화하여 개선하였다.
- 트렌드와 산포를 분석하여 개선유효성을 검증하였다.

Chapter 3

혁신의 방법

승리하는 유일한 방법은
혁신이다

혁신을 멈추는 것은
유지가 아니라 추락이다

———

당사 제품 중에 1-Metal COF(단면)는 수율 97%에 이르자, 추가 개선을 위한 Input을 늘려도 Output으로 나타나는 효과가 크지 못해서 "이제는 개선이 아닌 유지에 초점을 맞추자"고 이야기했다. 그랬더니 사원들은 더 이상 개선이 필요 없다는 이야기로 오해하고 현장 개선을 멈추는 듯한 모습을 보였다.

"이것은 아니구나!" 하는 생각이 들어 다시 불러 설명했다.

현장을 개선하려면 인력과 자원이 투입된다. 그리고 개선한 효과를 비용으로 환산한다. 목표가 수립되고 인적 및 물적 자원이 투입이 되었을 때 기대효과를 시뮬레이션Simulation하여 투자 대비 효과가 크다면 실행하게 된다. 그러나 무한정 인력과 투자를 하는 것이 비효율적이라는 계산이 나오면 현상을 유지하는 방향으로 간다. 하지만 수율이나 품질 수준을 현상 유지하는 것도 그리 쉽지는 않다.

현장 설비는 아이들이 크는 것과 같아, 관리자나 엔지니어들의 관심 대상일 때는 설비보전PM, Productive Maintenance이나, 여러 가지 개선 활동이 유지되면서 잠재적인 문제가 수면 위로 나타나지 않는다. 그러나 반대로 관리가 소홀해지면 잠재적 문제점이 수면 위로 나타나게 되면서 품질 문제를 야기하는 경우가 종종 있다. 따라서 수율 등 품질이 안정되어 있다고 하더라도 아무런 활동 없이 유지하는 것은 현실적으로 어렵다. 다시 말해서 그동안 추진해오던 개선이나 혁신을 멈추는 것은 유지가 아닌 추락이 될 수 있다는 이야기다. 아무리 안정된 품질이라도 유지를 위해서는 지속적인 관심과 표준화가 필요하고, 최소한의 활동이 지속되어야 한다는 것을 잊으면 안된다.

세계에서 가장 영향력 있는 경영의 대가 피터 드러커의 《위대한 혁신》의 일부를 보고, 혁신의 의미를 다시 한 번 되새겨보자.

미래가 실현되도록 하기 위해서는 천재가 필요한 것이 아니라 고된 작업이 필요하다.

혁신과 기업가정신을 정상적이고 지속적이며 일상적인 활동으로, 그리고 반드시 실천해야 할 항목으로 만들어야 한다.

어렵게 만들지 말라. 똑똑한 사람들만 할 수 있는 혁신이 되어서는 안된다. 혁신은 평범한 사람이 추진할 수 있어야 한다. 기획단계에서든 실행단계에서든 지나치게 똑똑한 사람만 할 수 있는 혁신은 실패할 것이 분명하다.

01
즐겁게 일하는 방법

오래 전 중국에서 주재할 때 한국 방송이 나오지 않아 CD로 녹화되어 있는 한국영화나 드라마를 구입해서 보곤 했다. 영화는 2시간이면 끝나지만 드라마는 시리즈로 되어 있어 며칠에 걸쳐 봤다. 드라마를 좋아하는 편은 아니지만 당시 <상도>라는 TV 드라마는 밤을 새워 봐도 다음날 피곤함을 느끼지 못할 정도로 재밌었다.

이처럼 우리는 재미있는 일을 할 때면 밤을 새도 피곤한 줄 모른다. 우리가 하는 일도 그렇게 될 수는 없을까? 회사에는 다양한 종류의 일이 진행된다. 일 중에는 제조와 같이 매일같이 반복되는 일도 있지만, 연구소에서 하는 일과 같이 매일 달라지고 창의가 요구되는 일도 있다. 또 육체적인 힘을 많이 쓰는 일도 있고, 정신적인 스트레스가 많은 일도 있다. 쉬운 일이든 어려운 일이든 회사에서 일을 하는 것은 우리의 일상이 되어 있다. 매일같이 반복되는 일은 답답하기도 하고 재미도 없을 수 있다. 그렇다고 안할 수는 없으니 하기는 하지만 점점 하고 있는 일의 매력이 떨어져간다.

당사는 제조를 해서 매출을 올리는 기업이다. 따라서 매일같이 자재를 투입하고 물건을 만드는 과정에서 관리해야 하는 일들이 정해져 있다. 현장은 PDCA 활동을 통해 관리하고 있다. 통상 새로운 사업이 진행되면 초기에는 현장의 설계와 안정화에 온 힘을 쏟는다. 그리고 본격 궤도에 진입하면 매출과 이익이 발생하는데, 생산량을 늘리는 작업을 통해 수율 개선과 이익을 극대화하는 작업을 한다. 이 과정에서 많은 인력이 전진 배치되기 때문에 초기에 만들어 운용하는 프로세스를 시스템으로 만드는 작업을 해야 효율성이 높다.

이런 일들을 어떻게 재미있게 하느냐고 반문할 수도 있을 것이다. 우리가 일하는 회사에서 재미있게 일을 하기 위해서는 일에 재미를 느껴야 한다. 어떻게 하는 것이 재미를 느끼는 것일까? 그것은 자기가 하고 있는 일에 가치를 부여하는 것이다. 내가 하고 있는 일에 가치를 부여한다는 의미는 또 무엇일까? 그것은 자기의 성장과 존재감일 것이다. 본인이 하고 있는 일을 통해 본인이 능력이나 성장적인 면에서 발전이 있다고 느껴야 하며, 그 일이 회사에서 중요하다고 인식되어야 존재감이 생긴다. 이러한 측면에서 가치를 부여할 수 있어야 할 것이다.

그러면 회사에서 하는 모든 일에 이런 가치본인의 성장과 존재감를 부여할 수 있는 것일까? 결론부터 말하면 '그렇다'이다. 그렇게 하기 위해서는 일상의 업무는 시스템으로 정립하고 업무는 쉽게 모니터링과 컨트롤이 되도록 만들어 가야 한다. 매일같이 반복되는 업무에 시간을 반복하여 사용하는 것은 가치를 부여할 수 없다. 이러한 업무를 개선함으로서 본인에게 주어진 시간을 효율적으로 사용하는 동시에 더 많은 역량을 발휘할 수 있게 된다. 그러한 일은 본인의 업무를 나태하게 하지 않고 본인의 존재감을 높일 수 있다. 이러한 업무 패턴 속에서 재미를 느낄 수 있을 것이다.

재미있는 게임을 할 때는 밤을 새워도 피곤하지가 않은 법이다. 일도 다르지 않다.

02

SCM의 목적은 무엇인가?

제조·품질 혁신

우리가 지표를 만들어 관리하는 목적은 무엇일까? 필자는 회사를 더욱더 성장시키고자 VISION 20302030년 매출 1조을 선언하고, 이 목표를 실현하기 위해서는 각 부문의 관리체계와 업무 능력을 제고시키고 있다. 특히 수주에서 출하에 이르기까지 다양한 기종을 동시에 생산하면서 공정 재공과 납기를 관리할 수 있는 스킬이 향후 더욱 많이 필요할 것으로 예상되어 SCMSupply Chain Management, 공급망관리 : 제품이 생산되어 판매되기까지의 모든 과정을 관리하는 것이 필요하다고 느끼고 별도의 그룹단위 조직을 만들어 관리하기 시작했다.

우리 회사에서 시도한 SCM은 초보에 지나지 않아 많은 것을 배워야 했는데, 시간이 지나자 점차 틀이 잡히기 시작했다. 그러나 담당자에게 SCM 활동을 통해 얻어진 지표에 대하여 조금 깊게 질문을 하니, 대답이 쉽게 돌아오지 않았다. 물론 안해보던 업무를 시작하는 것이니 하루아침에 배부를 수는 없을 것이다.

그러나 일을 하면서 각종 지표를 만드는 이유는 개선하기 위함이라는 사실을 명심해야 한다. 모든 데이터에는 의미가 있다. 품질 데이터도 생산 데이터도 의미가 있다. 당연히 SCM 데이터도 의미가 있다. 그 의미를 조직원이 알아야 분석할 수 있게 된다. 분석을 통해 현재의 문제점을 찾고 더 개선하기 위한 밑거름으로 데이터가 활용되어야 한다.

통상적으로 우리는 수주에서부터 최종 고객에게 납품하기까지의 각종 지표를 숫자화해서 관리한다. 그런데 그 숫자를 해석하고 문제로 이끌어 내는 힘이 아직은 약하다. 이제부터 시작이다. SCM의 목적을 잊지 말자.

SCM 담당자라면 각종 숫자에서 얻어지는 정보를 분석하고, 참 문제점을 찾을 수 있는 능력을 갖춰야 한다. 또한 달성한 지표에 안주하지 말고 매년 목표를 상향 설정하고 관리와 평가를 해야 한다. SCM이 어떻게 관리하는가에 따라 회사의 손익이 달라질 수 있다. 모든 지표는 돈이다. 고객이 필요로 하는 지표는 우리의 경쟁력이 되고 나아가 회사의 이익이 된다.

03
믿을 수 있는 데이터가
튼튼한 현장을 만든다

제조·품질 혁신

경쟁력이 강한 현장을 만들기 위해서는 '신뢰도 있는 현장 데이터'가 있어야 한다. 부임 초기에 현장에서 매일같이 만들어지는 데이터가 있었지만 개선을 위해 충분한 데이터는 아니었고, 또 데이터가 있다고 하더라도 신뢰도가 매우 낮아 그 데이터를 믿고 현장을 개선할 수 없었다. 예를 들면 데이터를 만들어내는 작업자마다 기준이 달랐고 결과값도 엉뚱한 결과가 나오기 일쑤였다.

어떻게 하면 신뢰도 높은 데이터를 만들 수 있을까를 고민했다. 관리 대상을 새롭게 선정하고 입력 기준을 새로 만들었고, 그래도 부족한 데이터는 지표를 개발하고 틀을 만들어 관리해 나갔다. 처음에는 시행착오를 겪었지만 지속적인 모니터링과 피드백을 통해 데이터의 신뢰도가 올라가기 시작했다. 이렇게 기초 데이터를 신뢰할 수 있도록 만들어놓고 이 지표를 통하여 현장의 문제를 찾으려고 노력했다.

지금의 당사는 모든 고객 평가에서 품질과 납기 등 모든 면에서 부동의 1위를 하고 있다. 만약 당시에 현장의 데이터를 신뢰도 있게 만들지 못했다면 문제를 찾는 것도 어려웠을 것이고, 결과적으로 지금과 같은 튼튼한 현장을 만들지 못해 고객 평가에서도 1위를 차지하지 못했을 것이다. 그만큼 현장의 데이터 신뢰도는 중요하다.

이것이 된 후에는 현장의 지표에서 문제를 찾고 개선 목표를 설정했다. 또한 경쟁력의 지표가 되는 것과 현장의 지표를 연관시켰다. 예를 들면 당연한 내용이겠지만 실패비용Failure Cost은 돈으로 환산해 실제 영업이익의 개선으로, 설비 가동률은 양산을 하기 위한 생산능력Capacity 확대 또는 리드타임 개선으로, 현장의 산포는 고객이 요구하는 규격의 PpkProcess Performance Index의 개선으로 연결이 되도록 했다. 초기에는 시행착오가 있었으나 꾸준히 개선한 결과 내부적으로 많은 변화가 있었다.

처음에는 개선 과정이 Top Down으로 진행이 되었지만, 어느 정도 개선이 되면서 경험이 쌓이자 Bottom up이 되기 시작했다. 어느 날 설비 담당 인력들이 스스로 예비부품Spare Parts을 관리하는 툴을 만들고 시스템적으로 관리해 보겠다는 보고를 해왔다. 기다리던 Bottom Up을 느낀 순간이었다. 그로부터 약 1년이 지난 시점부터 설비에 사용되는 각종 예비부품을 시스템으로 잘 관리하기 시작했고, 2년이 더 지난 지금은 설비 업무 효율화에 많은 기여가 되었다.

04
스스로 답을 찾아내는 현장

제조·품질 혁신

업무를 하면서 개선과제를 주면 현황에 대한 조사도 하지만, 본인의 머릿속에 든 지식을 토대로 문제를 찾고 개선 대책을 수립하는 경우가 많다. 해당 공정을 누구보다 잘 아는 전문가라고 자부하는 사람들이 더욱더 그런 경향을 보인다. 이런 행동은 손가락으로 달을 가리키는데 손가락만 쳐다보는 격과 같아, 방향은 맞지만 다른 결과를 가져오는 경우가 종종 있다.

문제의 깊이를 쉽게 판단해 핵심에 접근하지 못하는 경우가 대부분이다. 따라서 참원인을 찾는 것이 어려워진다. 현장의 아주 작고 사소한 문제라도 참원인을 찾기 위해서는 그 문제가 발생되는 공정의 해당 과정을 30분 이상 들여다보면서 고민을 해야 한다. 그래야 비로소 조금 보이기 시작한다.

그러나 우리의 현실은 그렇지 못하다. 자기가 알고 있는 지식과 경험으로 충분하다고 생각하고 쉽게 결론을 내리고 대책을 수립하게 된다. 이것은 대단히 위험한 생각으로 시행착오를 반복하게 되고 개선까지 오히려 시간이 더 걸리게 한다.

당연한 이야기지만 현장에서 발생하는 모든 문제는 현장에서 해결 방안을 찾아야 한다. 그러기 위해서는 무엇보다 문제가 발생하는 공정에서 원인을 찾는 노력을 해야 한다. 현장에 답이 있기 때문이다.

제조 현장에서는 공정별 사용하는 약품이 다르기 때문에 그에 맞는 온도 관리가 중요하다. 물을 데워 온도를 올리거나 냉각시켜 온도를 떨어뜨리는 방식으로 공정에 맞는 온도 관리를 하는 경우가 많다. 한 번은 부품에 염소Cl 성분이 묻어 있었는데, 이것이 부품의 부식을 진행시켜 이 부품을 사용한 고객사에서 클레임이 들어온 적이 있다. 어디에서 염소 성분이 들어갔는지 분석해 봤지만 원인을 좀처럼 찾을 수 없었다. 공정에서 변경된 변경점과 품질 문제가 발생한 시점을 놓고 인과관계를 분석한 결과, 최근 공정에서 온도 컨트롤을 하는 농축수가 유출된 적이 있는데, 농축수를 조사해 보니 염소 성분이 들어 있었다. 이 염소 성분의 부착 과정에 대한 메커니즘을 규명해 보니, 공정 내의 기류 흐름에 따라 도금 후 건조하는 공정으로 유입되고 있었다. 더 큰 문제는 과거에도 이런 일이 종종 발생했었다는 것이다. 여기에서 문제점 두 가지를 생각해 볼 수 있었다.

첫째, 그동안 염소 성분이 포함된 농축수의 영향으로 배관의 부식이 잦았는데도 불구하고 과거에 해오던 방식대로 임시조치를 해왔다.

즉, 염소 성분에 대한 큰 문제의식 없이 지내왔다. 이 선례로 설비 관리에서 현장의 문제점을 처리하는데 미흡함을 알 수 있게 되었다. 앞으로는 근본원인을 찾아 일하는 방식을 바꿔야겠다고 생각했다.

조사해본 바에 의하면 동일한 종류유사 포함의 설비 문제가 매년 20여 회 발생되었는데, 그때마다 농축수 배관 속의 이물질을 걸러내는 방식으로 불량이 만들어진 현상을 없애 왔다. 즉 근본적인 문제 발생 원인과 인자에 대한 관리 없이 단순하게 문제를 봉합해온 것이다.

둘째, 이런 성분이 기류를 타고 타 공정으로 유입이 될 수 있음에도 불구하고 기류 관리가 되지 않았다.

다행히 현장에서 보수 수리한 기록은 남아 있어 불량이 발생된 이력과 정합시켜 참원인을 찾는데 도움이 되었다.

이 사건은 정밀한 부품을 생산하기 위한 현장 관리의 중요성을 인식하는데 결정적인 계기가 되었다. 그래서 설비그룹에서는 평균고장간격MTBF, Mean Time to Between Failure, 평균수리시간MTTR, Mean Time to Repair 외에도 현장에서 불량을 유발했던 내용들을 다양하게 층별을 하고, 개선을 위한 인자를 도출하고 관리하는 등 설비그룹의 업무 Role을 새롭게 정립해 줌으로써 이러한 현장의 설비 관련 업무를 활발하게 할 수 있었다.

　당사에서 생산하는 제품은 눈으로 볼 수 없는 미세한 회로를 에칭
화학약품의 부식작용을 이용하여 노출된 동박 표면을 가공하는 기법하거나 도금
해 부품을 만들어내기 때문에 공정 과정에서 화학작용이 이루어지
는 순간을 눈으로 볼 수 없는 부분이 많다. 그래서 현장을 소홀히 하
는 경향이 있을 수 있으나 문제의 발생도, 원인도, 대책도, 모두 현장
에서 이뤄져야 한다는 사실을 인식하고 있어야 한다.

> **3현주의는 안전, 품질, 생산관리의 철칙이다** ___
> 3현주의란 현장에서 현물을 보고, 현상을 확인하는 것을 의미한다.
> 낭비와 위험요소를 제거하기 위해서는 반드시 현장을 확인하고, 현장에서 답을
> 찾아서 실천해야 한다.

05
지표와 통계는 품질관리의 기본이다

제조·품질 혁신

공장장에 부임한 초기, 공정에서 자재를 투입하고 제품을 만들어 내는 리드타임이 10일 정도 걸렸다. 그동안은 공정에 과정지표 없이 수율이라는 결과지표만 관리해 왔기 때문에 공정에서 발생하는 문제를 파악하거나 결과를 예측하는 것이 불가능했다.

자동화가 많이 접목되어 있는 장치산업에서 리드타임이 길고 눈에 보이지 않는 제품을 생산할 때 중간과정지표를 만드는 것이 매우 중요하다. 요즘 경박단소가 되어 제품을 생산하는 기술이 복잡해져 리드타임이 길어졌는데, 1-Metal COF(단면)가 10일 정도의 리드타임이 발생하고 있다. 이렇게 리드타임이 길 경우 각 과정의 핵심관리 지표와 중간과정지표를 만들어 운용하는 것이 바람직하다.

이런 과정지표는 어느 공정에서 어떤 내용으로 만들어 운용할 것인가를 제품에 따라 공정을 설계할 때부터 염두에 두어야 한다. 그리고 해당 공정과 공정 과정 관리지표를 운용할 때 반드시 트렌드와 산포를 통해 관리할 수 있도록 하는 것 또한 중요하다. 이런 공정 설계를 간과하면 리드타임이 긴 장치제품의 품질 관리는 절대로 될 수 없음을 인식해야 한다.

현대의 IT 기술에서는 통계를 이용해 작고 눈에 잘 보이지 않는 제품 또는 대량생산 제품의 품질을 관리하는 것은 이제 기본 중의 기본이 되었다. 그런데 이 통계 데이터를 잘못 해석하는 경우가 종종 있다. 전수검사를 하지 않는 이상 우리가 취득하는 데이터는 샘플 데이터인데, 샘플 데이터를 모수 전체의 데이터로 인식해 산포를 관리하는 것이다. 이것은 아주 큰 오류를 만들어낸다. 이런 오류를 범하고 공정을 설계하면 공정의 수율 향상을 기대하기 어렵다.

산포와 트렌드 ___

장치제품에서의 제조 현장은 조금 더 개선의 대상을 명확하게 할 필요가 있다. 생산하는 공정이나 과정이 눈에 보이지 않고, 또 만들어진 제품이나 부품의 특성도 눈에 보이지 않는 제품의 Spec과의 싸움이라 개선 대상을 명확하게 하는 것이 쉽지만은 않은데, 이럴수록 산포와 트렌드가 중요하고 중간과정지표를 통해 예측이 되도록 해야 한다.

Set 부품이 갈수록 경박단소가 되어감에 따라 사용되는 부품을 생산하는 현장도 인간의 눈으로는 검사할 수 없게 되어 화상인식검사가 중요하게 대두되어 있으나, 이런 부문에도 작업자의 주관보다는 검사방식이 객관화되기 위한 통계가 필요하다는 점을 강조한다.

우리가 취득하는 데이터는 샘플 데이터이지, 모집단 전체의 데이터가 아니다. 이 데이터를 전체로 환산할 때는 표준편차 값을 감안해 모집단의 실력을 판단해야 한다. 또 장치산업 제품에서 공정능력은 Cpk Process Capability Index와 Ppk는 개념이 다르다는 것과 공정능력 지수도 1.33이 아닌 고객에서의 허용 불량률을 감안하여 1.67 이상이 필요하다는 것을 염두에 두어야 한다.

06

불량이 재발되지 않는 방법

어떤 문제를 개선할 때 필자가 강조하는 것은 '참원인을 찾았는가?'이다. 참원인을 찾으면 그 다음의 대책은 어렵지 않다. 그런데 이 참원인을 찾는 것이 그리 간단하지 않다. 그래서 필요한 것이 불량을 분석하고 개선하는데 필요한 방법을 많은 학자들이 내놓았다.

특히 개발단계부터 제대로 하기 위해서는 FMEA 등 많은 툴이 거론되거나 사용하는 분석 툴은 많지만, 필자가 여기서 강조하고 싶은 것은 양산 이후에 부딪칠 때 많이 또 쉽게 사용할 수 있는 '5Why 분석법'이다. 필자는 일을 할 때 누구나 손쉽게 배우고 쓸 수 있는 5Why 기법이나 특성요인도Fish Bone Chart를 사용하라고 말하고 있다.

먼저, 5Why 분석법은 '왜?'라는 묻는 행위를 5번 이상 반복하여, 문제의 현상이 아닌 진정한 참원인을 찾는 것을 말한다. 가장 대표적인 사례로 제퍼슨 기념관의 대리석 부식에서 볼 수 있다. 새로 부임한 제퍼슨 기념관장은 직원들에게 '왜?'라는 질문을 반복하여 대리석 부식의 근본원인을 찾고 개선하였다.

위와 같이 질문과 답을 통해 참원인을 찾아 전등을 2시간 늦게 점등하면서 제퍼슨 기념관은 문제를 해결할 수 있었다.

다음으로 특성요인도란 특성결과에 영향을 미치는 요인원인을 계통적으로 나타낸 그림이다. 즉, 어떠한 요인이 결과에 영향을 끼치고 있는지를 명확히 나타내어 원인 규명을 쉽게 할 수 있도록 하는 기법이다.

특성요인도를 작성하는 방법은 누구나 쉽게 배울 수 있어 그 효과를 간과하는 사람이 많다. 그러나 제대로 사용하면 그 효과는 아주 좋다. 당사에 본 내용을 적용했을 때, 습관화가 안되어 시간이 걸리기는 했지

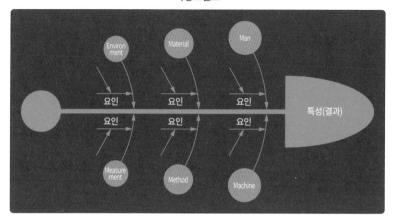

• 특성요인도 •

만, 지금은 참원인과 대책을 수립하는데 유용하게 잘 활용하고 있다.

필자는 이러한 간단한 툴이라도 사소하게 생각하지 말고 제대로 사용할 것을 권한다. 반드시 요체를 이해하고 적용하면 그에 상응하는 효과를 볼 수 있을 것이다.

문제점을 분석하고 대책을 수립했어도 내용이 애매모호해 실천이 뒷받침되지 않을 때가 있다. 아무리 참원인을 찾아도 추진해야 할 일이 명확하지 못하면 유효성이 떨어지기 마련이다. 문제를 분석하고 대책을 수립하는 방법이 습관처럼 지속되는 것이 중요하다.

예를 들어, 제조공정 중에서 PRCPhoto Resist Coating, 감광성 재료로써 빛을 받으면 해당 부분에 내약품성이 생겨 에칭 약품에 영향을 받지 않는다. 이런 원리를 이용하여 COF의 미세한 회로를 만들 수 있도록 하는 재료를 말한다 공정의 이물은 절단공정에서 발생하는 칼날이나 금형의 문제 때문에 생겨나는데, PRC 공정의 세정만을 강조해 세정력을 좋게 만들었다고 가정해보자. 이것은 문제를 사전에 개선하는 것이 아니라 현상을 없애는 것이다. 눈에 보이는 현상을 없애는 것과 근본인자를 개선하는 것은 기본 개념부터가 다르다. 메커니즘의 규명을 통해 개선된 불량이나 문제는 재발될 가능성이 낮지만, 그렇지 않고 현상만 없애는 방식은 같은 불량이 늘 되풀이 된다.

　불량을 유발하는 인자는 물속에 잠겨 있는 얼음과 같다. 물 표면에서 보이는 얼음보다 물속의 얼음의 양이 몇 배인 것처럼 불량을 만드는 인자도 어마어마하다. 통상 물 밖으로 나와 있는 부분과 물속에 잠겨있는 부분의 비율은 1:11이라고 한다. 그만큼 물속에 잠겨 있는 부분이 크다. 제조 현장도 불량을 만드는 인자는 수없이 많지만 일반적으로 표준화와 각종 관리로 표면화불량되지 않을 뿐이다.

　그러나 공정관리의 잘못이나 각종 인자가 틀어져 문제불량가 발생한 경우 그 부분을 명확하게 파악하고 개선하여 하나의 요인이라도 재발되지 않도록 근본 관리가 되도록 하는 것이 중요하다. 따라서 끊임없이 정해진 Spec을 기준으로 공정을 관리하되, 한 번 발생한 문제는 어떠한 경우에도 재발이 되지 않도록 5why 등의 분석 툴을 잘 활용하는 것이 중요하다. 이 방법으로 지속적으로 해결하다 보면 결국은 좋아질 수밖에 없다. 그래야 종국에는 현장이 안정되고 인력을 재배치해 새로운 사업과 일을 추진할 수 있다.

07
하타다 박사의 방문 :
혁신의 방향은 틀리지 않았다

제조·품질 혁신

처음 혁신을 시작할 때는 힘들었지만 현장이 개선되고 품질이 개선되자 고객들에게서 호평이 이어졌다. 정기 감사Audit를 온 고객들은 하나같이 현장을 보고 나서 "동종 업계에서 이렇게 현장이 깨끗하게 관리되는 곳은 없었다"고 칭찬했다. 실제로 모든 고객의 월별 평가에서 1위를 차지했다. 현장이 잘 관리되고 수율이 올라가니 고객평가지표도 저절로 좋아졌다.

이러던 차에 TORAY 본사의 기술 고문인 하타다Hatada 박사가 당사를 방문했다. 그는 과거 당사에 여러 번 기술과 현장지도를 위해 왔었다고 하며, 현장과 기술에 높은 식견지식과 견문을 지니고 있는 분으로 이번 방문은 7년 만이라고 했다.

현장 방문 전에 그는 다음과 같은 이야기를 필자에게 건넸다.

"과거 귀사 현장을 보면서 여러 가지 문제점을 여러 번 지적한 적이 있는데, 늘 개선이 안되었습니다. 오랜만에 왔지만 성격이 직설적이라 현장의 문제를 보면 그대로 말씀드리겠습니다."

자못 심각하게 이야기한 느낌이라 내심 긴장이 되었지만 필자는 이렇게 대답했다.

"전문가의 눈으로 보면 저희가 느끼지 못한 문제가 많이 있을 것이니 지적해 주시면 개선에 적극 반영하겠습니다."

그는 과거 2011년 2월에 당사를 방문했을 때 너무나 많은 문제가 보였고, 방문하면서 여러 가지 문제 제기를 했으나 개선되지 않았다고 했다. 그런데 현장 방문 후의 소감에서 그동안 잘 개선이 안되던 부분이 확실하게 달라진 모습을 보고 많이 놀랐다고 전했다.

"너무나 달라진 현장의 모습에 감명을 받았고, 특별히 지적할 만한 사항이 없었을 정도로 잘 개선되어 있습니다."

그동안 A사, S사 등 많은 회사의 인력들이 우리의 라인을 보고 감동을 받았다고 이야기했지만, 해외의 기술 고문으로부터 이런 이야기를 들으니 그동안 추진해온 혁신의 방향이 틀리지 않았다는 확신을 갖게 되어 기뻤다.

"어떻게 개선이 가능했는가?"라는 질문을 받고, "부임 직후, 굴러들어온 돌의 입장에서 박힌 돌의 입장을 이해하고 설득시킨 과정, 작지만 성공사례를 만들고 문제의 관점에서 변화를 유도한 일, 시스템과 프로세스의 개선을 통한 효율화, 교육을 통한 인재 육성"에 대하여 설명했다. 현장은 내 자식이 들어가서 일해도 될 만한 곳이 되어야 한다고 생각하고 현장을 개선해 왔다. 그러한 일관된 개선 추진이 오늘의 회사를 만들었다고 생각한다.

여러 번 우리의 라인을 보고 지적을 해온 분이라 자못 긴장을 했는데 훌륭한 평가를 받고 보니 감사하기 그지없었다. 본 내용은 TORAY 본사에 보고가 되었고, 본사에서도 긴장을 했는지 좋은 평가를 받았다는 필자에게 감사하다고 연락해 왔다.

이 내용이 TORAY의 그룹 사장에게까지 보고가 되었는지, 이후에 TORAY 본사의 니카쿠Nikaku 사장도 당사를 방문하여 현장 관리에 관한 격려를 해주셨다.

TORAY 그룹 ___

일본에 본사를 두고 있는 다국적 기업으로 1960년 일본 최대의 무역회사에 의해 설립되었다. 초창기 섬유 및 플라스틱 사업 분야로 시작하였으나, 현재는 IT, 제약, 생명공학, 재료 등 사업이 다양하다. 일본 최대의 합성 섬유생산 업체이자, 세계 최대의 탄소섬유 생산 기업이다. 국내에는 당사를 비롯해 도레이첨단소재, 도레이케미칼, 도레이배터리세퍼레이트필름 등의 소재 및 IT 기업에 투자하였다.

08
바둑 격언에서 배운 혁신법

제조·품질 혁신

마쓰시타 전기산업의 창업자이자 경영의 신이라 불리는 마쓰시타 고노스케는 다음과 같이 말했다.

"품질에 엄격해야 합니다. '우리 제품은 제일 우수하다'는 우리의 일관된 경영 관념입니다. 고객 입장에서 모든 제품의 성능, 품질을 다시 검사해야 합니다. 일단 불합격 제품이 나오면 즉각 공장으로 반송해서 다시 검사해야 합니다."

이처럼 내실이 튼튼해야 한다. 내실이 다져져야 자신감이 생기고 자부심도 생길 수 있다.

그동안 제조 현장이 무너지고 품질이 경쟁사에 뒤지다 보니 영업 활동에 많은 제약이 있었다. 하지만 이런 좋은 평가를 받고 보니 '영업 활동을 강화해 본격적으로 매출 성장을 도모할 수 있는 조건이 만들어졌구나!' 하는 생각이 들었다.

필자는 바둑의 '아생연후살타我生然後殺他'라는 격언을 좋아한다. 먼저 내 말이 산 뒤에야 상대방 말을 잡을 수 있다는 뜻으로, 자기 말의 생사를 돌보지 않고 무리하게 공격하다가 역습당하거나, 적진 깊숙이 침투했다가 퇴로를 차단당하는 등의 우愚를 범하지 않도록 경계하는 교훈으로 널리 쓰인다.

이것을 경영에 비유하면, 내부가 부실한데도 내부를 개선하지 않고 외부의 공격적인 영업에 너무 큰 비중을 두면 쉽게 망할 수도 있다. 필자는 내부가 부실한 상태로 공격적인 마케팅을 하면 품질 클레임 등으로 회사가 존폐 위기까지 갈 수 있다고 생각하여 우선 회사 내부제조와 품질을 튼튼하게 하는 일에 중점을 두고 개선을 해왔다.

처음에는 직원들이 지시를 받고 일했으나, 이제는 일일이 보고하고 조치를 받는 것이 아니라 스스로 현장에서 PDCA를 컨트롤할 수 있게 되었다. 매일의 보고가 아닌, 한 달의 실적이나 공정의 이상점이 발생했을 경우 '선 조치 후 보고'하는 시스템과 프로세스도 스스로 만들어 운영하고 있다. 경쟁력 강화를 위한 비용개선 운동도 추진하고 있는데 물량이 늘어 효과 금액이 개선되는 것도 중요하지만, 동시에 추진하는 과제가 올바르게 가고 있는지를 과제와 일정별로 확인해가는 모습이 중요하다. 이제는 공격적인 영업으로 전환해도 좋을 때가 되었다.

09
침소봉대(針小棒大) 의식으로 무장하자

제조·품질 혁신

현장에서는 매일같이 크고 작은 품질 문제가 발생한다. 현장의 모든 문제는 작은 것도 크게 보는 것이 필요하다. 일종의 침소봉대針小棒大 : 바늘만한 것을 몽둥이만 하다고 한다는 뜻 정신이 필요하다. 특히나 화공약품을 많이 사용하고, 투입부터 입고까지 장치설비로 구성되어 있으며, 제품을 만드는 과정이 밀폐되고 눈에 보이지 않는 미세 이물과의 전쟁을 거쳐 제품을 생산하는 회사에서는 더욱 그러하다.

필자는 모두에게 아날로그 방식이 아닌 디지털 사고로 무장해 갈 것을 주문한다. 그리고 작은 문제도 확대해서 보자는 의미에서 침소봉대라는 단어를 자주 사용한다.

무시하고 넘어갈 수 있는 작은 문제도 안전과 결부해 생각하면 달라질 수 있다. 안전사고에 관해서는 아무리 사소한 문제라도 확대 해석하지 않으면, 지속적 스트레스가 쌓이게 되고 어느 순간 임계점을 넘어가면 큰 사고로 이어질 수 있다.

공정 내에서 가스Fume가 제품의 품질 특성에 영향을 미친다는 것을 알게 된 뒤부터 공정 내의 가스를 개선하는 과제를 추진해 120만 ClassClass는 이물 사이즈 0.3㎛ 이상이 약 30㎤ 영역 내에 120만 개가 있다는 것을 의미한다 정도 되던 것을 현재 3천 Class 이내로 관리하고 있다. 지금은 더욱 개선이 되어 안정된 상태로 관리되고 있는데 이것을 개선하기 위하여 문제를 보는 인식을 새롭게 한 것이 주요했다. 공정의 모든 Wet 설비물을 사용하는 설비의 총칭의 누액漏液을 건수로 관리하고 트렌드를 개선토록 했는데 현장의 인식 자체가 달라졌다. 한 방울의 누액이라도 문제라고 확대해서 보는 눈높이를 만들고 나니 현장의 청정도가 달라졌다.

제품을 개발할 때 역시 소수의 샘플에서 느껴지는 문제는 아무리 작다고 해도 절대 간과해서는 안된다. 사소한 문제라도 확대하여 해석하는 것이 양산 후에 발생할 각종 품질 문제를 예방하는 길이 된다. 샘플은 예술품과 같이 정성을 다해 만들지만, 대량으로 동시에 많은 기종의 제품들을 만들 때는 그렇게 할 수 없기 때문에 초기 개발단계의 품질은 사소한 것도 크게 확대하여 해석할 필요가 있다.

샘플 데이터를 보고 샘플의 수준이 모수의 수준과 같다고 판단하는 오류를 범한다. 샘플 데이터가 규격한계선 USLUpper Spec Limit과 LSLLower Spec Limit 내에 있다면 모수도 전부 같은 품질 특성을 보인다고 생각하는데 그렇지 않다. 통계에 의하면 정규분포의 특성은 앞에서도 이야기 했듯이 많은 사람들이 샘플 데이터의 특성치인 평균을 중심으로 3시그마를 더하고 빼면 편측으로 약 0.14%의 불량을 내포하고 있다고 한다. 따라서 모집단의 데이터와 샘플 데이터 값이 다르다는 것을 인식할 수 있어야 한다. 품질과 안전에 관련한 항목들은 작고 사소한 문제라도 크게 보는 디지털 사고와 침소봉대의 의식으로 무장하자.

겨울에 발생하는 제품산화

매년 초겨울이 시작되면 당사의 공정 적치대에 작업대기 중인 제품의 표면에서 산화가 발생되었다. 근본원인을 찾고자 하였으나 찾지 못하고 크린룸 외부로 연결된 설비 반입구를 강제로 개방하였다. 이 조치는 일시적으로 제품산화 현상을 감소시켰으나 도어를 닫으면 제품산화는 또 다시 발생하는 등 반복되었다.

제품산화에 대해서 문제로 보고 발생 현상부터 다시 확인하였다. 제품산화가 '겨울에 4기동 공정에만 발생한다'는 관점에서 4M1E 관점에서 연구하여 1E(Environment, 환경)에 문제가 있다는 것을 확인하였다. 당사는 매년 겨울 유틸리티(Utility) 비용을 절감하기 위해 외부에서 들어오는 찬 공기를 100% 사용하기 보다는 실내의 따뜻한 공기를 혼합하여 사용함으로써 찬 공기의 온도를 올리는데 드는 난방비용을 절감하였다. 그러나 실내 공기는 Fume으로 인하여 제품 표면을 산화(깨끗한 공정 샘플을 24시간 방치하여 산화 여부 확인)시킬 정도로 오염되어 있었는데, 이 오염된 공기가 4기동 공정에 공급되었으며, 공정에 대기 중인 제품의 표면에 산화를 발생시켰던 것이다. 원인을 알고 난 이후 해당 공조기에 대해서 즉시 내부 공기순환 도어를 닫고 잠금장치를 하여 조치를 취하였다. 조치 후 제품산화는 더 이상 발생되지 않고 있다.

이러한 개선을 위해서는 문제를 단순화하고 4M1E(Man, Machine, Material, Method, Environment) 관점에서 인자를 도출함으로써 문제를 개선할 수 있다. 가스가 아닌 겨울에 발생하는 제품산화를 문제로 보고 발생가능 인자를 모두 찾았다. 관련된 부서의 사원들이 발생인자를 브레인스토밍 기법으로 도출하여 각 인자별 영향도 평가하였다. 이 중 가장 점수가 높은 인자를 중점 대상항목으로 선정하여 이를 개선하고 검증하였다.

10
스스로 움직이는 조직

제조·품질 혁신

영업부서의 중요성은 앞서 여러 차례 강조한 바 있다. 스스로 움직이는 조직을 이야기하기 전에 '제품의 수명주기'에 대해 간단히 짚고 넘어가자.

제품의 수명주기Product Life Cycle Template는 하나의 제품이 시장에 도입되어 없어지기까지의 과정을 말한다. 제품의 수명은 도입기, 성장기, 성숙기, 쇠퇴기로 나누어진다. 도입기는 신제품이 시장에 처음 등장한 시기이며, 성장기는 시장 규모가 커져 매출액이 증가하고 이익이 발생하는 시점이다. 성숙기는 경쟁자 참여와 과잉생산으로 이익 감소와 과도한 가격인하 경쟁이 이루어진다. 쇠퇴기는 성능이 우수하고 저렴한 대체품의 등장으로 수요가 감소하고 이익이 줄어드는 시점이다. 1-Metal COF(단면)는 이미 성숙기 시장으로 분류되었음에도 당사는 그동안 1-Metal COF(단면)만을 바라보며 살아왔다. 1-Metal COF(단면)의 부가가치를 올리는 이렇다 할 활동도 없었다. 그러다 보니 매출도 줄어들고 이익률 또한 갈수록 줄어들었다.

이런 구조를 혁신하여 이익이 나는 구조로 만들기 위해 오랫동안 연구하여 2-Metal COF(양면)라는 새로운 제품을 개발했다. 다행히 본 기술과 제품은 모바일에 채택되어 당사의 캐시카우Cash Cow, 제품 성장성이 낮아지면서 수익성(점유율)이 높은 산업 역할을 착실하게 하고 있다. 앞으로 보유기술로 TV, 모니터에 국한된 제품에서 모바일과 IOT, 자동차 등에 특화된 영역으로 사업의 개념이 넓어질 것이다.

그런데 이렇게 회사의 방향이 정해지면 역할이 정립된 각 부서의 리더가 스스로 움직여야 한다. 지시 일변도가 아닌 유기체적으로 돌아가기 위해서는 수동이 아닌 능동으로, 스스로 움직이는 조직이 필요하다. 예를 들면, 품질도 스스로 만들어 가는 것이다. 회사의 생산 활동의 결과가 품질로 나오는 것이 아니라, 스스로 품질 목표를 만들고 품질을 만들어 낸 결과가 생산이 되어야 한다. 개념만 바꿨을 뿐인데 일하는 방식이 달라진다.

경영 역시 우리 스스로 결과를 만들어야 한다. 한달 생산하고 판매한 결과로 손익을 만드는 것이 아니라, 목표한 이익을 만들어가는 관점에서 필요한 인자를 관리하고 컨트롤하는 경영을 해야 한다. 그러기 위해서 한달 계획을 수립하고 계획대로 시행한다. 이익을 만들기 위한 재료비나 투자비, 경비, 인건비, 판가, 생산성 등의 목표를 정하고 관리해 스스로 목표 이익을 만들어가는 것이 능동 관리체계다.

영업에서도 능동이 필요하다. 물량이 늘어나면 아무런 이야기가 없다가 물량이 줄면 이유를 시장 시황을 핑계로 대는 경우가 있는데 이것은 잘못이다. 결과만 가지고 대응하는 것은 능동적이지 못하다.

언제나 능동형의 '일 중심 사고'로 움직일 수 있도록 해야 한다. 일 중심의 사고로 보았을 때 목표가 미달되었다면 그 일은 실패한 것으로 봐야 한다. 핑계보다는 왜 일이 실패되었는가를 분석하고 다음에 재발하지 않도록 하는 것이 중요하다. 마치 몰랐던 재고소진이라던가 시황을 이야기하며 책임을 내 문제가 아닌듯한 방식으로 이야기하는 것은 조직과 회사 입장에서 굉장히 위험하다.

우리는 이런 수동적 체제에서 빨리 벗어나야 한다. 잘못된 것을 핑계로 일관한다면 의식이 수동이 아닌 능동으로 저절로 바뀔 수 있을까? 영원히 안될 것이다. 따라서 각 조직별로 능동관리 체계가 되도록 만들어 가야 한다.

11

고객이 느끼는 문제는 모두 불량이다

얼마 전 사업하는 지인을 만나 고민거리를 들었다.

"설비를 만들어 판매를 하는데 클레임이 많이 들어옵니다. 같은 문제가 반복되는데 개선이 안되네요."

설비든 제품이든 고객이 원하는 Spec을 제조사에서 자주 간과하는 경향이 있다. 아무리 잘 만들어도 그것을 사용하는 사람이 불편을 느끼면 그 점을 개선해야 한다.

과거 필자가 포르투갈에 주재할 때 VTR 부품인 드럼 조립제품 Drum Assembly을 생산한 적이 있었다. 당시 생산한 제품을 프랑스에 있는 SONY공장에 판매를 했는데, 정기적으로 방문하여 생생한 현장의 소리를 들을 수 있었다. SONY공장의 라인 관리자Supervisor가 생산품 중 어떤 특정 Lot은 조립한 후 전기적인 신호 파형波形을 조정하는데 많은 시간이 걸려 작업자가 애를 많이 먹는다고 했다. 이야기를 들어보니 문제가 왜 발생하는지 알 수 있었다.

"납입 사양서상에 문제는 없습니다. 하지만 개선해 보겠습니다. 다만 우리 회사에서도 쉽게 개선할 수 없는 내용이니 시간을 좀 주십시오."

계약된 사양에 없는 항목에 대해 불만이 있더라도 '고객이 느끼는 문제는 모두 불량으로 간주하고 개선점을 찾는 것이 맞다'는 생각에서였다. 이후 발생률을 최소한으로 해서 고객의 불만을 개선할 수 있었다. 고객이 문제라고 느끼면 대책을 세우는데, 문제라고 느끼지 못하면 대책을 세우지 않는다. 앞에서 말한 지인의 고민처럼 같은 클레임이 지속적으로 발생하는 이유는 담당자가 문제라고 느끼지 못하고 있을 가능성도 있다.

큰 이슈만 문제는 아니다. 사소한 문제라도 반복되거나 고객이 불편을 느끼면 마땅히 개선되어야 한다. 문제라고 느끼고 있지만 그것을 해결하는 방법을 모르겠다면 조직의 역할과 책임을 명확하게 해주고, 시스템과 프로세스를 올바르게 만들어야 한다. 체크시트를 만드는 것도 좋은 방법이다. 이렇게 만들어진 체크시트는 향후 시스템과 프로그램 개발로 더욱 효율화시킬 수 있다. 또한 출하하기 직전에는 출하인증제 등을 활용하면 문제를 더욱 쉽게 발견할 수 있다.

이런 사례를 업데이트 하다 보면 더 많은 문제들을 발견하고 체계적으로 해결할 수 있다.

12

IT 시대의 기술 진보 :
한 기술이 3년 가기 어렵다

기술·개발 혁신

당사는 PI를 이용해 TV나 모니터용 COF를 생산한다. 과거에는 1-Metal COF(단면)가 주 품목이었는데, 10년 동안 매년 판가 인하가 15% 전후로 이루어졌다. 이러한 단가 인하를 과거에는 물량의 증가에서 오는 이익으로 가격 인하에 대응해 왔으나, 고객사에서 새로운 기술을 개발함에 따라 사용 수량의 감소로 이어져 더 이상 가격 경쟁력조차 없어지게 되었다.

이에 고객의 요구를 파악하고 다양한 검토를 한 끝에 개발한 것이 배선의 집적도를 배가하는 2-Metal COF(양면) 기술이다. 이 기술이 갤럭시 핸드폰 시리즈에 채택되어 앞날이 밝을 것으로 예상했지만, 적용 다음 해에 COP라는 새로운 기술이 채택이 되면서 해당 제품의 매출과 손익은 1년 앞도 내다보지 못할 만큼 떨어지게 되었다.

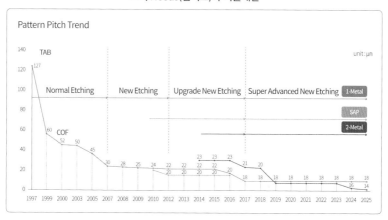

• 고객 Needs(집적도)와 기술개발 •

몇 년에 걸쳐서 개발한 기술인만큼 앞으로 몇 년간은 매출 걱정을 덜게 되었다고 하는 순간, 새로운 기술이 개발되면서 다시 회사의 앞날이 암울해지게 되었던 것이다. 불행 중 다행으로 고객사에서 다른 이슈가 발생하면서 당사 부품이 적용되는 모델의 판매량이 증가하게 되어 다시 일시적으로 매출이 올라가 회사의 전체 손익에서는 한숨을 돌리게 되었지만, 이 과정에서 필자가 느낀 것은 한 번의 기술 개발이 영원할 수 없고 3년 가기도 어렵다는 점이다.

모든 분야에서 기존의 사업 아이템의 우위Hegemony를 유지하기 위해 새로운 기술을 끊임없이 개발하고 있다. 새로운 기술을 끊임없이 개발해야 한다. 그렇지 않으면 그 분야에 종사하는 사람들의 일자리가 없어지고, 각각의 기술을 더욱 순도 높게 개발해 가고 있기 때문에 지금 새로운 기술의 개발로 매출과 손익이 늘어나도 매출이 있다고 하더라도 한순간의 방심은 곧 돌이킬 수 없는 결과를 만들게 될 것이다.

최근 2-Metal COF(양면) 기술을 개발해 매출과 손익을 만들고 있다. 매출과 손익이 초기에 좋았어도 매년 판가 인하율이 20%에 육박하다 보면, 결국 이익을 만들기 위해서는 양을 늘려갈 수밖에 없다. 수율을 올리고 생산성을 올리고 양을 늘려가는 것도 한계가 있다. 따라서 연구소에서는 지속적으로 새로운 제품을 개발해 사업화함으로써 적어도 3년 이내에 이익이 되는 제품의 도입이 필요하다는 것을 인지하고 개발에 임해야 한다.

13
기술 다양화가 곧 경쟁력

앞에서 언급했듯이 당사는 TV나 모니터용의 필름 PCBCOF를 생산하는 회사로 그동안 판가 인하에 대응하기 위하여 다양한 원가 개선을 추진해왔는데, 주로 물량을 늘려서 얻어지는 이익을 가격 인하로 대응해 왔다. 통상 장치산업에서 BEPBreak Even Point, 손익분기점를 넘어서면서 이익이 크게 늘어나지만, 양적인 성장이 한계가 있기 때문에 초기에는 물량을 늘려 대응하다가도 결국 판가 인하는 한계에 부딪치기 마련이다.

우리도 예외가 아니라서 TV와 모니터용이 아닌 타 제품 군에서 매출과 이익을 내는 사업 아이템이 필요하게 되었고, 여러 가지 아이템을 검토한 후 몇 년을 고생한 끝에 기존의 도금과 에칭 기술의 강점을 살려 새로운 아이템을 사업화하게 되었다.

당시에 검토했던 사업 아이템은 크게 두 가지였는데, 1-Metal COF(단면)를 양면으로 만들어 배선 수를 2배로 집적할 수 있는 기술과 TSPTouch Screen Pad이었다. TSP의 경우 진입에 기술적인 제약이 없어 누구나 쉽게 할 수 있었기 때문에 시장의 잠식이 걱정 되었다. 실제로 검토단계에서 대만 업체의 난립과 중국 업체의 참여가 있었기에 고민 끝에 제품을 생산할 수 있는 기술 개발과 초기 양산을 할 수 있는 설비를 도입했음에도 불구하고 과감히 포기하였다.

　대신 회로의 집적도를 향상시킨 2-Metal COF(양면) 개발에 집중했는데 이 전략은 적중했다. 이 기술이 삼성의 커브드 웨어러블 제품에 채택되어 1-Metal COF(단면)에서 부족한 매출과 손익을 보전할 수 있게 되었으며, 이듬해부터는 본격적으로 매출과 손익에 있어 중심에 설 수 있게 되었다.

　이후에 양적 생산을 중심으로 하는 TV용 부품과 수량은 적지만 매출과 손익이 좋은 모바일 부품으로 포트폴리오를 만들 수 있었다. 그러나 TV용은 매출에 비해 손익이 떨어지는 문제가 있고, 모바일용은 손익 구조가 좋은 반면 물량의 고저가 심해 분기별로 손익 차이가 너무나 컸다. 앞일을 예측하기 어려운 IT 산업에서는 위험이 큰 편이라 이에 대한 방어Hedge가 필요한 상황이었다.

　포트폴리오를 더욱 다양화할 필요가 있다는 판단 아래, 현재는 TV와 모바일에서 새로운 핵심부품을 개발하여 적어도 4가지 이상의 제품으로 포트폴리오를 구축하는 것을 추진하고 있다. 핵심기술을 보다 다양화해 한 차원 높은 경쟁력을 만들어 가는 것을 다음 비전으로 세우고 독려하고 있다.

경영자나 리더는 매출을 일으키는 포트폴리오 구성과 이익 메커니즘을 어떻게 설계할 것인가를 늘 염두에 두고 있어야 한다. 비록 지금 이익이 나더라도 3년 후의 이익 메커니즘을 미리 읽고 방향을 설정하여 추진하는 것이 중요하다.
각 사의 강점과 약점을 충분히 감안해 설계할 테지만 무엇보다도 시장의 기술 트렌드와 고객이 필요로 하는 요구를 파악하는 것이 중요함을 늘 기억해야 한다.

14
기술이 고객을 쫓아가서는 안된다

기술·개발 혁신

우리 회사는 약 4년간의 연구 개발과 투자로 2-Metal COF(양면)의 대량생산을 시작했다. 그러던 어느 날 고객으로부터 다급한 전화를 받았다. 납품한 당사의 제품에서 회로균열Crack이 발생되었다는 것이다. 확인해 보니 당사의 제품을 고객사에서 사용할 때 종이 접듯이 완전히 접어서 사용하고 있었다. 개발단계부터의 히스토리를 조사해 보니 개발단계부터 고객사가 우리의 부품을 어떻게 쓸 것인지, 취급 조건을 파악되지 못했다고 한다. 지금은 많은 고객사들이 자사의 기술개발 정보를 공개하지 않는다. 고객의 품질특성에도 없는 내용이라 파악하기 어려웠기 때문에 당사 제품을 접어서 사용한다는 것을 모른 채 그동안 공급이 된 것이다.

제품을 개발할 때 생산된 부품을 접어서Bending 사용하는 조건에 관해서는 사전에 협의된 것도 없었기에 난감했다. 하지만 회로균열은 계속 발생되고 있었고 뾰족한 수도 없이 총체적으로 난감한 상황이 연출되었다. 초기에 파악이 안되었다고 하지만 품질 문제에 대한 대안 없이 계속 생산하는 것 또한 용납할 수 없는 노릇이었다. 지속적으로 아이디어를 내봤지만 이미 특허로 등록이 되어 있어 대부분의 엔지니어는 단기적으로 대안이 없다고 했다.

이에 필자는 그 즈음에 영입한 임원을 불러내 고민을 이야기하고, 의견을 나누며 대안을 만들어 갔다. 짧은 기간 내에 실험계획법을 통해 다양한 샘플을 만들고, 평가를 하는 과정에서 우여곡절이 있었지만 가능성을 확인하고 새로운 방법을 우선 특허등록을 했다. 그 후 평가 결과를 고객사에 통보하고 채택이 되기를 희망했지만 이미 대안으로 검토하는 내용이 있으니 기다리라는 이야기만 들었다. 그러는 와중에도 부품의 생산이 계속되면서 불량은 수시로 발생했다.

장치산업은 리드타임이 길다. 당사의 제품도 투입에서 출하까지 2주 정도 걸린다. 1차COF Film에 반도체 Chip 실장고객을 거쳐 Set완제품 최종조립고객까지의 시간을 감안하면 평가를 한 번 하기 위해 신뢰성을 감안하면 한달은 걸린다고 볼 수 있다. 한달이면 그동안 생산한 물량을 생각할 때 엄청난 불량을 떠안아야 한다. 자칫 큰 문제로 회사의 존망이 위협될 수도 있는 상황으로 갈 수도 있을 것 같아 많은 고민을 한 결과, 우리가 개발한 기술을 최종 고객에게 알리는 방식으로 추진하기로 한 것이다.

최종 고객사의 품질을 책임지는 임원에게 우리의 문제점을 알리고, 새로운 기술의 평가 결과도 소개했다. 품질은 만드는 회사에서 책임을 지는 것이라는 신념도 함께 설명하면서 최종 고객에서 기술을 채택하도록 한 결과, 보다 빠르게 새로 개발된 기술을 적용하도록 하여 품질 문제를 조기에 안정화시킬 수 있었다.

이렇게 극한상황에서 개발된 기술은 현재 당사만의 장점으로 특화 되었고, 여러 번을 접어도 회로균열이 발생하지 않을 수 있도록 적용되고 있다. 지금까지 이 새로운 기술은 최종 고객인 소비자로부터 어떤 불량도 발생되지 않고 있다.

이 품질 문제는 고객의 요구를 충분히 파악하지 못한 상태에서 발생된 사고였다. 고객이 사용하는 조건을 파악하지 못했고, 고객이 필요로 하는 기술을 적극적으로 파악하도록 하는 내부 시스템과 프로세스가 되어 있지 않았다. 우리는 먼저 완제품 업체를 리드하도록 고객의 요구를 파악해서 완제품 최종 조립을 리드하는 부품기술을 확보해야 한다. 고객을 쫓아가는 기술은 쓸모가 없거나 이미 부가가치를 잃어버린 기술이 되기 때문에 선행기술을 개발하고, 차별화가 되도록 해줘야 한다. 그것이 우리의 미래이고 신시장의 창출로 이어질 수 있다.

15
특허의 중요성 : 체계적인 분석 툴과 교육

기술·개발 혁신

신기술 개발이나 신사업을 할 때 우리의 수준을 분석하고 관련 업계나 경쟁사의 특허를 분석하는 것이 중요하다는 것은 두말할 필요가 없을 것이다. 현대의 경쟁력은 남보다 빠르게 기술 개발의 아이디어를 내고, 이를 빠르게 양산화로 연결하고, 양산 후에 올바른 품질에 의해 좌우된다. 산업화 기술의 트렌드를 읽고 고객의 요구를 읽어낼 수 있어야 하며, 이것을 아이디어와 스피드, 품질로 승부를 볼 수 있어야 한다.

그런데 이 아이디어를 가지고 사업화를 할 때 가장 우선 진행해야 하는 것이 바로 '특허'이다. 특허에 대한 분석이나 방향을 수립하지 않고 개발할 경우 시행착오를 반복할 수밖에 없는데, 결국은 시간이 더 많이 걸려서 사업화의 기회를 잃거나 아니면 개발을 해도 여러 가지 특허 분쟁에 휘말리는 등의 문제가 발생해 회사에 큰 손실을 가져올 수 있다는 것을 명심하자.

아이디어가 아무리 좋아도 이미 타사가 그 아이디어를 사업화하는데 필요한 기술을 가지고 있거나, 특허를 소유하고 있을 때 특허를 회피하는 방안 없이 사업화를 하는 것은 무모하다. 경우에 따라서는 특허를 사용할 수 있도록 하는 방안을 포함해 초기부터 문제의 소지가 될 수 있는 방안을 강구하지 않으면 안된다. 이런 경우는 독자적인 특허 출원이 안된다면 타사의 특허 사용을 염두에 두고 사용가능 여부를 사전에 파악하는 등의 사업 분석을 하고, 특허 사용 비용을 예산에 반영해야 한다.

이런 것은 쉽게 할 수 있는 일이 아니다. 충분한 경험이 있거나 전문가로 양성이 된 사람이라면 몰라도, 말과 달리 그리 간단하지가 않다. 따라서 이런 어려운 부분을 쉽게 해결해 나갈 수 있도록 회사의 체계적인 분석 툴로 반드시 교육이 되어야 한다. 주먹구구식으로 분석해서는 쉽게 해석되지도 않을뿐더러 시행착오의 시간도 많이 걸린다.

16
스마트공장(Smart Factory)

'이 업종을 벤치마킹하자'에서 스마트공장을 잠깐 언급했지만 최근 IT 기술을 접목한 4차 산업혁명이 화두다. IT 시대에 기술과 기능을 누가 어떻게 잘 활용하는가에 따라 미래가 달라질 수 있다는 것은 분명해 보인다. 현재의 매출과 이익도 중요하지만 리더는 늘 3년, 5년 후를 생각하고 미래 경쟁력을 지금 만들고 있어야 한다.

과거의 제조는 단순한 조립 위주였는데, 이제는 장치화 또는 자동화가 됨에 따라 물건을 만드는 투입에서 출하에 이르기까지의 리드타임이 길어졌다. 회사마다 나름대로 산포와 트렌드를 통해 관리하고 있으나, 갈수록 진화되는 기술을 따라가기 위해 피나는 노력을 해야 한다. 이제 노동력만으로는 따라갈 수조차 없다.

제조 과정에서 많은 화공약품을 사용하여 부품을 만들고 있고 물건을 만드는 모습을 볼 수가 없기에 더욱 IT 기술을 도입하여 사람의 힘을 줄이고 현장을 만들어가야 한다. 그래서 정부에서 주장하는 새로운 경쟁력을 만들기 위한 개념으로 등장한 스마트공장의 개념을 적극 반영해 가려고 한다. 이 스마트공장은 제품의 기획부터 설계, 생산, 판매 전반에 걸쳐 정보통신 기술을 융합해 위험을 최적화하고 데이터에 기반한 의사결정이 실시간으로 이뤄지는, 최소 비용의 고객 맞춤형 제품으로 생산하는 미래형 공장을 말한다. 앞으로 우리가 나아가야 할 방향임이 분명하다.

스마트공장을 만들기 위해서는 많은 투자가 필요하겠지만, 미래 경쟁력을 위한 투자로 생각해야 할 것이다. 다만 무턱대고 투자를 하자는 것은 아니다. 스마트공장의 개념을 충분히 이해하고 해당 사업의 스마트공장 이미지를 만들어 단계별로 목표를 설정하고 진행할 것을 권하고 싶다. 또 내부에서 받아들일 준비가 되어 있지 않으면 실패할 가능성이 크다는 것도 염두에 두고 내부의 착실한 준비로 사상누각이 되지 않도록 해야 한다. 국가적으로 이슈화는 되고 있지만 지금부터 많은 혁신 사례가 필요하다. 누가 어떤 아이디어로 어떤 스마트공장을 만들어 갈지 궁금해진다. 지금 투자를 할 경우 4~5년 후에는 감가가 끝나게 되므로 해당 제품의 판가 인하가 가능하게 되어 경쟁력이 강해질 수 있다. 게다가 그것이 과거와 다른 4차 산업의 스마트공장을 만들어 향후 10년의 경쟁력을 만들어 줄 것이라는 개념의 투자야말로 사업을 더욱 경쟁력 있게 지속가능하게 해줄 것이다.

Design Check 시스템 개발

당사는 매월 평균 200~300모델의 신규 디자인 개발 및 설계 수정(Revision)이 이루어지고 있다. 이 디자인 작업은 많은 시간이 소요되고, 수시로 변하는 고객사의 요구 및 설계 변경에 따라 별도 관리가 이뤄져야 함으로 종종 설계 실수(Miss)가 발생 되었다.

이러한 디자인이나 설계 실수는 잘못된 제품의 투입으로 이어져 결국은 실패 비용(재료비, 품질비용) 발생이나 설계 리드타임의 증가 요인이 되고 있다. 또한 고객사 유출로 인한 기업의 신뢰를 떨어뜨리게 된다.

이렇게 고객의 신뢰를 잃게 되면 고객은 신규 제품을 다른 경쟁사에게 수주를 주게 되고, 당사 제품에 대해서는 수입검사 등 품질 업무를 더욱 강화하게 된다. 결과적으로 내부적으로 검사비용이 증가하게 되면서 악순환의 반복이 되게 된다.

이와 같이 작은 디자인 실수라도 기업에게 큰 손실을 가져오게 됨으로 이를 예방하고자 디자인 확인 시스템(Design Check System)을 개발하였다.

디자인 확인 시스템 개발 후, 1모델 디자인 시간이 26% 단축되었으며, 설계 Miss는 연간 54건에서 1건으로 98% 개선되었다. 무엇보다 한 번 발생된 설계 실수에 대해서는 시스템에 반영하여 동일한 실수가 재발되지 않도록 개선하였다.

▪ 도면 Spec 추출 System Flow ▪

| 승인 도면 | 도면 Spec 추출 | 제조(제품) 사양 변환 |

17

미래 경쟁력은 어디서 나오는가?

조직·문화 혁신

앞서 인재 육성의 중요성을 몇 차례 언급했지만, 필자는 한 회사의 경쟁력을 단순히 그 회사가 무엇을 만드는지, 매출추이, 영업이익이 어떤가로 판단하지 않는다. 정말 중요한 것은 그 회사에 어떤 사람들이 근무하고 있으며, 인재 육성에 얼마나 공을 들이고 있는가이다.

사원들의 능력을 양성하는 방법은 다양하다. 비용을 들여 일반적인 지식을 주입하는 방법과 이미 근무하고 있는 선배 사원들로부터 배우게 하는 방법 등이 있다. 반복적인 교육으로 얻어진 지식을 활용해서 성과로 이어지는 일을 하기 위해서는 선배로부터 배우고 경험을 쌓는 과정이 필수적이다. 일은 단순하게 일로 끝나는 것이 아니고 일을 통해 OJTOn the Job Training가 되도록 해야 한다. 따라서 사원을 양성한다는 개념을 바탕에 깔고 모든 업무가 진행되어야 한다. 사전에 계획정확한 목적과 목표, 일정 없이 훌륭한 결과를 기대할 수 있는 것은 그리 많지 않다. 반드시 과제의 전체 개요와 함께 그 사원이 해야 하는 일을 주어 OJT가 함께 되도록 해야 한다.

최근 회사의 매출은 계획 대비 초과를 하면서 관리하는 각종 지표가 좋게 나타나고 있다. 그러다 보니 모든 것이 잘 가고 있다는 생각으로 문제가 덮여 보이지 않을 수 있다. 이런 상황에서는 관점을 조금 바꾸어 볼 필요가 있다. '실적 기준'으로는 문제가 보이지 않지만, '계획 기준'으로 보면 우리가 무엇을 보완하거나 개선해야 할지가 보인다.

최근에 일본L社 고객사의 SRInk 두께 문제가 이슈였다. Spec이 12.5±7.5㎛으로 5㎛~20㎛를 관리하면 문제가 없다. 우리 회사는 실력치평균를 8㎛으로 관리하고 있고, 샘플의 모든 데이터에 5㎛ 이하는 없어 문제가 없는 것처럼 보인다. 하지만 통계적으로 샘플값이 하한치로 나오고 표준편차를 감안하면 모집단의 품질 산포는 훨씬 낮은 값이 존재한다. 결국 고객사에서 불량이 발생하고 말았다. 당초 SRInk의 두께를 얇게 관리해온 것은 관리 범위의 하한치로 관리하면 잉크의 사용량을 절감할 수 있을 것이라는 판단 때문이었는데, 산포와 표준편차와 모수의 품질 수준을 간과해 온 것에 문제가 있었다.

이런 문제를 야기한 것은 직원 교육을 하지 않아서가 아니다. 이론과 실전의 차이로, 배운 것을 현업에 적용하지 못하거나 교육을 받아도 문제를 인식하지 못했기 때문이다. 그만큼 문제를 보는 눈을 갖는 것은 쉽지 않다. 이런 능력은 사원 시절부터 많은 교육과 실전경험을 통해 만들어지는 것이다.

필자는 회사에서 인력 채용은 그 사람의 미래를 책임진다는 의미로 해석한다. 회사의 미래는 경쟁력 있는 제품의 개발과 이것을 잘 뒷받침할 수 있는 시스템과 프로세스가 중요한데 이러한 경쟁력의 원천을 만들고 올바르게 운용하기 위해서는 무엇보다 올바르게 육성된 사람이 중요하다. 결국 잘 육성된 인재야말로 그 회사의 미래를 밝게 해주게 된다는 것을 인식하고 인재 육성에 힘을 쏟을 필요가 있다.

지금 입사하는 사람이 5년 후 또는 10년 후 회사의 미래를 결정한다고 보면 된다. 따라서 현재의 인력 육성이 얼마나 중요한지 알 수 있게 된다. 우리의 할 일은 명확하다. 올바르게 인재를 육성해야 하며, 사원들의 생각의 한계를 넓혀 주고 문제를 보는 눈높이를 만들어 주자! 그것이 회사의 미래 자산이 된다.

18

인재가 회사의 최고 자산이다

오래 전에 방영한 드라마 <상도>에는 이런 대사가 나온다.

"장사 중에 최고의 장사는 사람을 남기는 장사이다."

오래 전에 들었지만 가슴에 남아 지금도 종종 생각나는 대사이다. 장사뿐만 아니라 회사에서도 가장 중요한 것은 사람인재이다.

회사 입장에서는 현재 생산하는 제품으로 매출과 손익을 얼마나 만들어 가는가도 중요하다. 그래야만 사원들의 급여도 지급하고 미래에 투자도 할 수 있다. 그러나 현재의 매출과 손익이 좋다고 그 회사의 미래가 무조건 밝은 것은 아니다.

과거 사원이 일하는 대가로 임금을 받아가는 종속의 개념이었다면, 지금은 회사의 비전을 함께 실현해갈 동반자로 바뀌었다. 좋은 회사는 그 회사의 인재 육성 프로그램이 있고, 잘 육성된 인재가 개인 및 회사의 비전 실현을 위해 노력하는 곳이다.

훌륭한 인재가 조직의 장으로 있으면 회사의 조직과 시스템, 프로세스도 잘 정비되어 간다. 조직과 시스템, 프로세스를 움직이는 것도 사람이기 때문이다. 올바르게 육성되지 못하거나, 역량이 부족한 사람들이 움직이는 조직은 더디고 느리고 비효율적이다. 이러한 회사에서 밝은 미래를 보기란 어렵다. 조직은 생명체와 같아 늘 깨어 있어야 하고 역동적으로 움직여야 한다. 따라서 사원을 올바르게 인재로 육성하는 것은 그 회사의 밝은 미래를 만드는 일과 같다.

신입사원은 도화지다. 필자는 신입사원들에게 늘 강조하는 것이 몇 가지 있다. 우선 신입사원들의 상태는 흰 도화지와 같아 어떤 밑그림을 그리느냐가 중요하다는 것이다. 당연히 회사는 이 밑그림을 잘 그리도록 도와주는 역할을 해야 한다. 따라서 회사는 필요한 기본지식과 소양, 기본 툴을 잘 교육시켜 주어야 한다.

이 밑그림을 그리고 완성하는데 대략 2년이 걸린다. 완성된 밑그림에 색을 칠하며 채워나가는 것은 신입사원들이 커가면서 할 일이다. 어떤 색으로 어떻게 채워나갈 것인가는 개인의 꿈이나 비전과 관계 있다. 열심히 배우고 익혀서 훗날 본인들의 도화지에 채워진 그림들을 보며 후회하지 않기를 바란다.

필자는 가끔 이것을 미술의 소조와 비교한다. 소조는 뼈대를 만들고 흙을 이겨 붙이는 방식으로 모양을 만든다. 그런데 뼈대가 부실하면 지탱이 안된다. 즉, 무너지지 않는 틀뼈대을 잘 만드는 것이 중요한데, 신입사원들에게는 이 뼈대와 같은 역할을 하는 것이 기본적으로 필요한 교육과 어학공부 등이다. 요즘 같은 국제화 시대에는 최소 1개 국어는 자유롭게 구사할 수 있어야 한다. 나이가 들수록 어려운 것이 어학임으로, 적어도 30세 이전에 어학은 습득할 수 있도록 본인들의 비전 항목에 넣도록 해야 한다.

필자는 과거 삼성에 입사하여 연구소에 배치가 되었으나, 곧 신규 사업에 해당하는 VTR 부품을 개발·제조하는 부서로 자리를 옮겼었다. 당시 품질의 기본인 QC 7가지그래프, 체크시트, 특성요인도, 파레토도, 산점도, 층별, 히스토그램 도구도 몰랐고, 제조와 품질의 기본이 되는 설비관리와 인력관리에 대한 기초 지식도 없는 상태였다.

그런데 다행히 내게 좋은 기회가 생겼다. 당시 회사에서 산업공학 IE, Industrial Engineering 전문가를 양성하는 프로그램을 도입했는데, 이 교육과정을 이수하면서 제조에 필요한 여러 지식을 습득할 수 있었다. 이때 배운 지식은 직장생활의 밑바탕을 튼튼히 만들어 주는 자산이 되었다. 이후에도 다양한 교육을 받았으나 입사 이후 2년 이내에 받았던 교육만큼 내게 강한 영향을 주지는 못했다. 지금도 입사 초기 2년간 어떤 툴과 기술을 배우느냐에 따라 사회생활을 시작하는 신입사원들의 미래가 좌우된다고 믿고 있다.

19

제조업에서의 여성 엔지니어

조직·문화 혁신

당사는 현장에서 사용하는 각종 JIG가 20kg이 넘는 것이 대부분이고 화공약품을 많이 취급하다 보니, 여성 엔지니어가 근무하기 어려운 환경이다. 실제 대부분의 관리자나 엔지니어가 남성이다. 하지만 검사공정의 이미지를 보고 양품과 불량을 판별하는 섬세함이 필요한 공정과 출하검사 및 기타 간접직에 몇 명의 여사원이 근무한다. 여사원이 적은 편은 아니지만 여성 엔지니어는 없었다.

어느 날 우리나라에서도 여성 인력을 좀 더 현장으로 이끌어내야 할 필요가 있다는 생각을 하게 되어, 회사에 여성 엔지니어를 채용하기로 했다. 직원들에게 의견을 들어보니 과거 설계 파트와 연구소에서 여사원을 채용한 적이 있었지만 뿌리를 내리지 못하고 퇴사한 탓에 여성 엔지니어 채용에 부정적인 인식이 강했다. 그러나 필자는

"회사에서 지원을 안해서 그럴 것이다"라고 설득하며 여사원을 채용하기로 결정했다. 그렇게 기술직에 여사원을 2명 채용했다. 하지만 1년이 되자 1명이 퇴사를 했고, 또 다시 여사원 채용에 대한 반대가 생겨났다. 그러나 아직은 초기라고 생각되었고, 필자는 제조기술뿐만 아니라 환경·안전과 기술직에 오히려 여사원을 늘렸다. 그만두면 그럴만한 이유가 있다고 생각하고, 최대한 근무하기 좋은 환경으로 만들어가는 노력을 했다. 그 결과 이제는 제조나 기술 등에서도 여사원들이 만족하며 근무하는 사업장으로 바뀌어 가고 있다.

우리 회사는 앞으로도 더 많은 여성 기술 인력을 뽑아 육성할 계획이다. 기술직으로 채용한 여사원의 경우 철저하게 현장을 배우도록 하고, 대리급이 되면 연구소로 배치해 새로운 제품을 개발하도록 역량을 만들어주려고 한다. 이러한 회사의 계획을 직원들에게 알려줌으로써 비전을 갖게 하고 있다. 또 여사원들 간에 힘이 되도록 2명이 같이 근무하게끔 배려하고 있고, 육아휴직을 해도 그로 인한 불이익을 받지 않도록 하는 등의 관리를 하고 있다.

대한민국의 반이 여성이다. 이들의 고용을 늘리는 것은 국가 경쟁력에서도 중요하다. 여사원을 채용하려면 그에 맞는 회사의 인프라(화장실, 휴게실, 탈의실, 회사의 복지제도)는 물론이고, 한 번의 실패에 포기하지 말고 그 원인이 무엇인지를 찾아 개선을 해줌으로써 뿌리를 내릴 수 있도록 해줘야 한다. 또한 본인들의 비전을 가질 수 있도록 하는 것이 중요하다.

20
교육의 힘

조직·문화 혁신

    당사는 회사 운영 시스템과 프로세스가 잘 되어 있는 회사임에도 불구하고 운용이 많이 부실한 느낌을 지울 수 없었다. 사람으로 따지면 기본 근골이 훌륭함에도 불구하고 영양 불균형과 운동 부족으로 삐걱거리는 체력을 가지고 있는 것과 같은 느낌이랄까?

    당사에는 많은 종류의 시스템이 개발, 운용되고 있다. SAPSystem Applications and products in data processing 시스템을 바탕으로 관리, 영업, 제조, 기술, 설비, 품질 시스템이 운영되고 있었다. 현장에 있는 설비들에서 나오는 각종 품질 설비 데이터 또한 이것을 바탕으로 축적되어 있었다. 그래서 필자는 기본이 튼튼하니 효율적으로 운용되고 있을 거라 예상하고 있었다. 하지만 현장의 업무를 파악하면서 잘못된 생각이었다는 것을 깨달았다.

현장은 훌륭한 시스템을 가지고 있지만, 시스템과 데이터를 충분히 활용하지 못하고 있었다. 제조 현장에서 설비가동률과 수율 등이 기본적인 데이터에 불과했다. 설비가동률도 시간가동률 위주로 되어 있어 장치제품의 기본 관리항목 지표인 평균고장간격MTBF, Mean Time to Between Failure, 평균수리시간MTTR, Mean Time to Repair, 설비의 비부가가치인 유휴시간Idle Time, 설비의 종합효율 등 지표 활용이 전혀 되고 있지 않았다. 따라서 개선이라는 것은 생각할 수 없었다.

왜 이런 상태로 되어 있는지를 조사해 보니 시스템 도입 초기에 지표에 대한 인식이 부족했고, 또 시스템이나 지표를 활용하는 방법을 충분이 교육받지도 못한 것이 원인이었다.

지표를 회사의 경쟁력을 만들기 위한 활동으로 연결하지 못하다 보니, 자연스럽게 사용하지 않게 되었으며, 시간이 경과하면서 필요 없는 것으로 인식하고 있었다. 이 부문의 필요성을 교육을 통해 다시 인식시키고, 어떻게 왜 관리해야 하는지 틀을 다시 만들어가기 시작했다. 특히 설비의 경우 직접 교육을 통해 개선을 위한 각종 지표 관리에 필요한 내용을 보충하고, 전문적인 외부 교육을 통해 인적자원Man Power을 다시 만들어가기 시작했다.

외부 교육을 약 1년간 지속하던 어느 날, 사내 설비팀이 찾아와 교육을 받으면서 설비관리 중요성을 크게 느꼈다면서, 그동안 받은 교육으로 사내에 설비의 기본 관리지표를 만들겠다고 보고했다. 그로부터 6개월 후 설비의 종합 효율과 평균고장간격, 평균수리시간 등

• 인재 육성 로드맵 •

직급	공통역량	직무역량		글로벌역량
		직무 기본	직무 전문	
임원		Seri Ceo		
프로	기업윤리교육 / 내부회계관리제도 / 테마연구 / ESG / 법정의무·장애인·성희롱·개인정보보호·직장내괴롭힘·안전보건 / 신임팀장 / 시행버텐션 / 멘토링 / 도레이아입문	보직장코칭스쿨 / 시니어리더십 / 현장관리자역량강화 / 제조품질·입법 / 독서통신교육 / 팔로워십	6시그마BB / 6시그마GB / 6시그마WB / 사외직무교육 / 제조원가분석및혁신 / SD레포트 / TRIZ·디자인경영 / 챗GPT / R데이터 / 현장채문제해결 / DOE / 파이썬 / 기초통계	한국도레이그룹간부연수 / TTP / 도레이연사연수 / 어학지원

의 지표와 가동 손실Loss 등을 줄이는 기본 데이터의 신뢰도가 만들어졌다. 교육이 없었더라면 자발적으로 개선하겠다는 보고는 없었을 것이다. 현재는 이런 각종의 지표를 통해 효율적인 설비관리가 되고 이로 인한 현장의 경쟁력은 배가되고 있다.

이것이 바로 교육의 힘이다.

21

용장 밑에 약졸 없다 :
최고에서 배우면 누구나 최고가 될 수 있다

조직·문화 혁신

처음 부임했을 때 현장에서 관리나 개선이 체계적으로 안되고 있었다. 이유를 파악해 보니 일하는 방법이 미숙하거나 잘못되어 있었고, 장치제품에 맞지도 않았다. 엔지니어나 관리자의 교육 이력을 조사해보니 장치산업에 필요한 최소한의 교육도 진행되지 않은 것을 알게 되었다.

이야기를 들어 보니 매년 교육비는 경영 계획에 반영되었으나, 매출 부진이나 손익의 미달 등으로 경비를 축소하게 되면 제일 먼저 삭감 대상이 되었다고 했다. 매년 계획 손익에 크게 미달하면서 자연스럽게 교육과 멀어졌던 것이다. 게다가 사내에는 교육의 병폐교육을 많이 시키면 회사가 망한다에 대해 역설한 바 있어 교육을 받으러 가는 것이 눈치 보이는 분위기가 되었다는 것이다.

필자는 이 문제를 어떻게 풀어갈지 고민했다. 뚜렷한 대책은 없었지만 공장장을 맡은 이상 현안을 개선고객 NCR 건수와 수율하고, 실적을 내야하는 입장에서 그냥 있을 수는 없었다. 고민 끝에 현장을 잘 아는 그룹장, 엔지니어와 함께 직접 현장의 개선과제를 찾았고, 엔지니어에게 개선과제를 주었다. 동시에 과제 개선에 필요한 몇 가지 교육을 추진했다. 힘들고 시간이 필요했으나 어느 정도 성과가 만들어지자, 필자는 이 성과는 교육을 추진한 결과라고 부서장 이상급 회의에서 언급하며 교육의 필요성을 역설했다. 개선이 교육으로 인한 것만은 아니었지만, 교육의 효과라는 것을 강조해서 교육을 본격적으로 추진할 수 있는 당위성을 만들었다.

교육을 받고 그것을 체득하기 위해서는 전문가의 도움도 필요했기에 외부 컨설팅도 지속해서 받았다. 컨설팅 비용이 건당 2,000~3,000만 원이라 부담감도 컸지만, 필자는 사원들에게 일하는 방법을 배우라고 주문했다. 최고의 컨설턴트들은 나름의 비장의 무기를 모두 가지고 있다. 이런 것을 제대로 배운다면 그것이야말로 최고의 능력을 만들 기회를 제공하는 것이라 생각해 부담을 감수하고 교육과 컨설팅을 실시했다.

돌이켜 보면 큰 부담을 안고도 지속적으로 교육과 컨설팅을 받아 추진한 것은 오로지 한 길, 일할 수 있는 인재를 양성하겠다는 일념이 있었기에 가능하지 않았나 싶다. 그렇게 5년간 지속되어 온 결과는 어느 정도 결실을 보이고 있다.

과거에는 삼성의 기술 인력들과 일을 진행할 때 자료를 만들어가는 수준이나 문제를 보는 관점 등에서 많은 차이를 보였지만 최근에는 많이 개선되었다. 실제 당시 교육에 비협조적인 엔지니어들도 지금은 일을 하는데 큰 도움이 된다며 당시 태도에 대해 겸연쩍은 모습을 보이기도 한다. 아직도 과정이라고 생각하지만, 현장 관리나 개선의 기본은 되어 있어서 앞으로 추진할 신사업에 대한 불안감은 많이 해소되었다.

"용장勇將 밑에 약졸 없다."

교육을 실시할 때마다 한 말이다. 최고에서 배우면 누구나 최고가 될 수 있다. 앞으로는 교육을 통한 혁신이 우리를 지탱하는 문화가 되었으면 한다.

22

Open Innovation :
최고의 선생을 찾아라

같이 입사한 동료도 같은 회사에 영원히 같이 다닐 수는 없다. 시간이 지나면 위로 올라갈 수 있는 자리는 적어지고 경쟁은 갈수록 치열해져 간다. 따라서 경쟁에서 앞서 나가기 위해서는 개인의 능력 개발이 중요하다. 회사에서 부여한 균등한 기회를 잡는 것은 본인의 역할이고 역량이다. 개발된 능력은 당연히 본인의 것이 되고, 회사는 그 능력을 산다. 같은 과장 직급인데 한쪽은 일을 해도 결과가 없고 다른 한쪽은 성과가 나온다면, 회사는 당연히 성과가 나오는 쪽을 우대한다. '능력 개발을 못하는 사원은 회사 입장에서 죄악'이라고 생각해야 한다. 사원 입장에서도 시계추마냥 집과 회사를 오가는 것이 행복할 리 없다.

하지만 열심히 능력을 개발해도 본인이 가지고 있는 능력으로는 해결되지 않는 일도 많다. 이럴 때는 혼자서 해결하기 보다는 주변에 도움을 요청하거나 네트워크 등을 통해 봉착한 난관을 헤쳐 나갈 필요가 있다. 본인이 아는 지식이나 방법만이 최고라고 고집하는 것은 문제를 해결하는 방안을 찾지 않겠다는 말과 같다.

시간을 가지고 해결하려고 하지 말고, 전문가를 통해 새로운 각도와 방법으로 문제를 해결해야 한다. 적어도 그 문제에 대해 컨설팅을 하는 사람들은 나름의 경험과 지식을 보유하고 있다. 따라서 혼자 해결하려고 하기 보다는 전문가에게 일을 해결하는 방법을 체계적으로 배울 필요가 있다. 그 업무에 들어가는 돈을 아까워해서는 안된다. 현대의 경쟁력은 타이밍과 스피드에서 온다.

우리 회사의 현장에서 발생하는 많은 문제를 엔지니어들이 개선하기 위해 나름대로 노력을 하고 있지만 가끔은 쉽게 개선이 안되는 문제들도 있다. 이럴 때 필자는 사외 전문가를 찾으라고 이야기한다.

앞에서도 이야기한 바와 같이 당사는 일하는 방법을 주입식 교육을 통하여 익혀 왔으나 그것이 실전에 충분히 적용되기까지는 많이 부족한 상태였다. 이런 상태에서 현장을 개선하고 효과를 내기 위해서는 현장의 업무를 하면서 배울 수 있는 선생님이 필요했기 때문에 컨설팅을 통해 보완할 수 있었다.

문제를 일으키는 원인과 개선에 대한 접근방법을 각 분야의 전문가에게 컨설팅을 통해 보완하고, 실적을 만들어내는 동시에 사원들의 지식을 지혜로 바꿀 수 있는 좋은 기회가 되었다. 육성을 통해 개선이 되도록 하는 것은 너무나 시간이 걸린다. 그렇다고 피할 수 있는 것이 아니다. 다른 방법이 있는 것도 아니다. 지혜롭게 Open Mind 혁신으로 시대의 경쟁력을 만들어 내야 한다.

프로젝트를 수행하기 위해서는 가장 먼저 에너지 절감과 관련된 국내 최고의 선생님을 찾는 것이 최우선이었다. 국내 유수의 컨설팅기관 및 교육기관에 요청하여 에너지 절감 분야의 최고 선생님을 찾았고 에너지 절감 활동을 시작하기 전에 기본 교육부터 시작하였다.

현장에 사용되는 전기 시설이 규격에 맞지 않아 전압이 너무 높거나 낮은 경우, 부하 분배가 잘 안되어 상간전류 또는 상간전압의 산포가 커져 전류량이 증가하여 전력요금이 상승하게 되며, 설비 부하가 증가하여 유지보수 비용이 상승하게 된다.

이와 같이 현장에서 사용되는 에너지가 잘못 사용되고 있는지를 확인하고자 설비별 에너지 Tree도를 작성하여 각 설비별 사용되는 에너지의 종류를 파악하고 사용되는 에너지의 흐름을 세부적으로 조사를 하였다. 조사한 내용을 토대로 설비분석 양식을 표준화하여 담당자가 직접 조사하여 설비에 장착되어 있는 부품의 사양과 실제 사용량, 부하 등에 대해서 현상을 파악하는 활동을 전개하였다.

에너지절감 활동을 크게 3가지 관점으로 보고, 이를 중점적으로 추진하였다.

첫째, 모터의 부하는 적절한지 검토하고 경제성 있는 모터로 교체하였다. 모터의 부하율은 90%일 때가 가장 효율이 좋고, 정격전압과 정격전류가 흐를 때 가장 좋은 결과가 나타난다. 모터의 부하율이 얼마나 유효하게 사용되는지를 조사하였고, 이를 경제성 분석을 통하여 적정용량의 모터로 교체하였다.

둘째, 부하전류의 손실을 개선을 위해 Main 전압을 개선하였다. 낮은 부하율에서는 전압을 올림으로써 전동기의 출력 및 회전수의 상승 및 동력 손실로 부터 전동기의 효율을 올릴 수 있었고, 전압의 평형을 개선함으로써 절전 및 기기 수명 개선에 도움을 줄 수 있다.

셋째, 고조파 제거로 전력품질 향상과 전력 손실을 개선하였다. 일본의 전력품질 피해사례 조사 결과, 전력품질의 약 50%는 고조파에 의해서 영향을 받으며, 30%는 전압에 의해서 영향을 받는다. 고조파와 전압의 관리는 전력품질에 가장 중요한 개선요소가 된다. 고조파 발생 시 변압기 출력 감소와 소음, 케이블 과열, 전력 손실 등이 발생된다. 전력품질 개선을 위해 현장 내 설비에 고조파 제거 필터를 장착하였으며, 이를 통해 연간 3.2억의 에너지 절감 효과를 기대할 수 있었다.

약 7개월의 설비에너지 절감 활동으로 총 1,540개소의 개선이 이루어졌으며, 연간 17억의 에너지 절감 효과를 기대할 수 있었다. 또한 에너지 절감 프로젝트를 계기로 사원들의 의식과 업무 프로세스의 혁신적인 개선이 이루어졌다. 사원들의 역량과 의식 측면에서는 단순 설비보전 기술자에서 기초부터 튼실한 기술자로 육성되었으며, 카탈로그(Catalog) 검토 엔지니어에서 기계 이론 및 원리에 충실한 엔지니어로 거듭나게 되었다.

프로세스와 시스템 관점에서는 설비의 구조와 에너지 흐름도 관리 프로세스를 정립하였으며, 에너지 사용 균형(Balance) 및 공정 Tree의 표준화가 이루어졌다. 에너지 사용에 대한 효율 측정과 이를 트렌드 관리할 수 있는 FEMS 시스템이 구축되었다.

▪ 가스 계량기 ▪ 　　　　　▪ FEMS 시스템 모니터링 화면 ▪

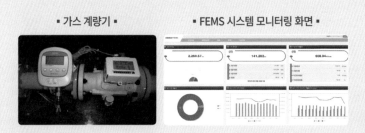

23

일상(日常)관리와 이상(異常)관리의 차이

조직·문화 혁신

일반적으로 작업자Operator의 업무는 '일상관리'이고, 관리자나 엔지니어의 업무는 '이상관리'라고 필자는 강조한다.

일상관리는 글자 그대로 일상적으로 매일 3끼 식사를 하듯 매일같이 하는 업무이고, 이상관리는 일상관리 속에서 발생되는 특이점을 관리하는 업무이다.

제품을 생산하는 현장은 정해진 기준공정의 표준을 가지고 제품 생산을 하는데 이 기준 내에는 정해진 Spec이 존재한다. Spec대로 제조하기 위한 모든 관리가 일상관리가 된다. 이런 일상관리 체계를 통해 생산되지만 제품은 트렌드와 산포를 가지고 있다. 이때 정해진 Spec에 미달되어 생산되는 것을 불량이라고 이야기하는데, 이런 불량을 양품이 되도록 문제를 찾고 개선해 관리범위 안으로 들어가도록 하는 것이 이상관리이다.

다시 이야기하면, 공정관리 시트Sheet에서 관리범위상한UCL, Upper Control Limit 및 관리범위하한LCL, Lower Control Limit을 벗어나지 않도록 관리하는 것이 일상관리이고, Spec을 벗어나 생산된 불량의 원인을 찾아 다시 양품으로 만들어가는 것이 이상관리이다. 관리자나 엔지니어의 일은 불량의 근본원인을 개선하는 이상관리와 이를 꾸준히 관리되도록 일상관리를 하는 것이라 할 수 있다.

유능한 관리자나 엔지니어는 이상관리 업무가 발생하면 빠르게 일상관리로 만들어 가는 능력이 뛰어나다. 타고 난 사람도 있겠지만 업무를 통해 능력을 개발하면 얼마든지 확보할 수 있는 역량이다.

24

업무 효율을 올리는 조직문화

조직·문화 혁신

알렉산더 대왕은 그리스·페르시아·인도에 이르는 대제국을 건설하여 그리스 문화와 오리엔트 문화를 융합시킨 새로운 헬레니즘 문화를 이룩하였다. 그가 페르시아 원정길에서 프리기아Phrygia의 수도 고르디움이라는 지방을 지나면서 그곳 신전에 들렀을 때 이야기다. 고대 국가 프리기아의 왕 고르디아스의 전차가 신전 기둥에 매듭으로 묶여 있었고 아래 신탁에는 이렇게 기록되어 있었다.

"이 매듭을 푸는 사람은 세계를 지배할 것이다."

오랫동안 아무도 이 매듭을 푸는 사람이 없었는데, 알렉산더 대왕은 칼로 단번에 매듭을 자르는 것으로 문제를 간단히 해결했다. 그리고 그는 세계를 정복하고 역사상 가장 큰 제국을 건설했다.

그렇다! 어렵게 생각하면 일은 갈수록 더 꼬인다. 우리 현장에서 발생하는 수많은 문제들을 해결하기 위해서는 어떻게 단순화할 것인가를 고민해야 한다. 수많은 인자들 속에서 핵심을 찾아내기 위해서는 단순화하는 것이 필요하다.

가끔 유명한 미술가들의 작품을 보면 대상을 자신만의 직관이나 감각으로 단순화한 그림들을 보게 된다. 대상이나 사물을 단순화하게 보는 감각을 길러 보는 것도 좋을 것이다. 'Simple is best!' 심플하게 생각해야 문제를 더 쉽게 풀 수 있다.

문제를 쉽게 풀어가려면 힘의 낭비를 줄일 수 있어야 한다. 그리고 힘의 낭비를 줄이기 위해서는 이순신 장군 같은 '치밀함'이 있어야 한다. 이순신 장군은 임진왜란 당시 23번을 싸워 23번을 전부 이기는 성과를 거뒀다. 이순신 장군은 싸우기 전에 항상 이길 수 있는 준비를 했다고 한다.

기업에서 이길 수 있는 방법은 무엇일까? 일하는 방법을 바꾸는 것이다. 사람을 일당백으로 사용하기 위해서는 일하기 전에 문제의 정의를 정확하게 내리고 어디로, 어떻게, 언제까지 나아가야 할 지 방향을 정확하게 알려주어야 한다. 물론 일을 하는 중간에 모니터링과 피드백은 두말할 나위가 없다. 즉 일을 성공시키기 위해서는 사전 준비가 얼마나 철저한 가에 따라 결과가 달라진다.

필자는 엔지니어들에게 메커니즘의 규명을 많이 연구해야 한다고 입버릇처럼 말한다.

"메커니즘의 규명을 충분히 하고 개선과제를 수립하세요."

문제의 실체를 모르고 일을 하는 것처럼 비효율적인 것은 없다. 우선 일하기 전에 개선의 실체를 명확하게 하고 가야 한다. 그러기 위해서는 문제가 발생되는 메커니즘을 규명하고, 문제를 추적해 개선하다 보면 본인이 규명한 메커니즘이 맞다 틀리다가 나타나게 된다. 틀린 그 자체로 새로운 메커니즘 규명을 할 수 있게 된다.

　그런데 이런 기준점 없이 분석을 하게 되면 문제 발생 인자가 너무나 많아, 그 많은 인자를 전부 개선의 대상으로 정하고 나면 앞으로 한걸음 나아가게 되는 것도 힘들게 된다. 따라서 우리 회사의 모든 구성원은 항상 문제에 대한 메커니즘을 해석하는 힘을 많이 길러 업무 효율을 올리는데 주력해야 한다.

25

줄탁동시(啐啄同時)가 필요하다

　사원은 회사를 위하여 일하고, 회사는 사원에게 일정의 급여를 지불한다. 그런데 단순히 일에 대한 대가를 받는다는 개념으로 접근이 되면 의무감으로 서로 관계가 딱딱해지게 된다. 사원에게 직장은 집보다 훨씬 많은 시간을 소모하는 공간이므로, 이 시간을 서로의 발전을 위한 시간으로 연결시켜줄 필요가 있다. 회사는 교육을 통하여 사원을 인재로 육성하려고 부단한 노력을 하고 있다. 사원들도 교육을 통해 회사에 필요한 역량을 만들어 기여한다. 이것은 가장 기초에 지나지 않는 관계로 여기서 한 단계 더 발전이 필요하다.

　사원들 개개의 비전 실현이 회사의 미래 비전으로 연결된다면 가장 이상적이지 않을까? 회사는 사원들에게 보다 활발하게 본인들의 비전을 실현시킬 수 있도록 복지제도와 발전시스템을 만들고, 사원들은 스스로가 적극적으로 변화에 동참하여 본인들의 비전을 달성하도록 해야 한다. 본인들의 비전이 달성되면 회사의 미래 비전이 달성되는 관계를 만들어가야 한다.

회사는 교육이라는 멍석 위에 부가적인 멍석이 더 필요하고, 사원들도 단순한 급여를 받는 대상에서 비전 실현을 위한 대상이라고 생각하는 줄탁동시啐啄同時, 병아리가 알에서 나오기 위해서는 새끼와 어미 닭이 안팎에서 서로 쪼아야 한다는 뜻 개념이 필요하다.

그동안 회사의 교육과 인재 육성 시스템을 개선한 후 업무에 필요한 각종 인프라를 새롭게 하여 이런 개념을 만들어왔다. 각종 사원들의 복지제도를 확충하는 등 회사 전반의 품격을 올리는 일을 함으로써 사원들로 하여금 자부심을 갖도록 만들어 갔다. 우선 각종 복지혜택을 늘리고, 사원기숙사 변경과 책장과 의자 컴퓨터 등을 새롭게 했고, 각종 사무 휴게공간을 새롭게 만들어 왔다. 또 주차장을 신축하고, 음지에서 고생하는 업무 공간을 개선하며, Flex Time선택적근로시간제, 근로자가 출근시간을 자유롭게 선택하는 근무제도를 도입하는 등 회사의 의지를 보여 줬다.

필자는 이러한 활동과 개선을 통해 사원들의 생각이 바뀌기를 기대했다. 그동안 사원들은 폐쇄적이었고, 품질 등의 문제로 언제나 패배주의에 젖어 있었는데 결과적으로 이 부문은 교육과 함께 회사 내부를 변화시키는 중요한 요인이 되었다. 이처럼 일방적인 변화를 요구하기보다는 반드시 상호 간 변화가 동반되어야 한다.

26
성과보상 문화 만들기

조직·문화 혁신

기업은 이익을 추구하는 집단으로 더욱 큰 규모의 이익을 만들기 위하여 시스템과 프로세스로 조직과 개인의 역량을 충분히 이끌어 내도록 해주어야 한다. 그러기 위해서 회사는 종업원에게 보상하는 체계를 만들어 그 이익의 규모를 효율화할 수 있어야 한다.

동시에 현장이든 품질이든 연구개발 조직이든, 사원들의 아이디어를 더욱 활성화할 문화가 필요하다. 당사의 현장 개선 보상체계에는 제안제도가 있다. 분기마다 또는 시무식에서 우수한 아이템이나 우수사원을 선정해 시상하는 제도다. 이것만으로는 부족하다고 판단해 안전제안제도를 별도로 운영해 동일한 방식으로 시상을 하고 있다. 연구소나 기술에게는 신사업을 위한 기술 개발과 사업성과에 따라 시상하는 제도를 만들었다.

시상명		선발기준	대상
STAR상	전문인 혁신인 열정인 화합인	신제품, 신기술 개발 성과자 현장, 시설, 안전, 환경 성과자 생산, 품질, 원가개선 성과자 매출증대, 경영효율 성과자	엔지니어 간접부문 직접부문 영업, 지원
경영대상	경영대상 기술혁신 제조혁신 품질혁신 사무혁신	혁신활동으로 경영성과 기여팀	프로젝트팀 (단체)
특허상	특허인	직무 발명, 특허 우수 성과자	전사원
모범상	모범인	업무방법, 충실성이 우수자	전사원
제안상	안전	안전활동 제안 활동 우수자	전사원
	개선	현장개선 제안 활동 우수자	전사원
협력업체상		SCM 공급 우수 협력사	협력업체

또한 핵심인재들에 대한 인센티브 제도도 도입하고 있다. 사원들이 소신을 가지고 일할 수 있도록 하기 위한 제도이다. 열심히 하고 성공한 사람들에게 상을 주는 시스템과 문화를 만들어가는 것의 중요성은 늘 강조되어야 한다. 이런 보상체계는 앞으로 더욱 보강해가야 한다.

Chapter 4

경영의 알파와 오메가

지속성장가능 경영은
사업장 안전과 영업력에 있다

01
무사고는 회사의 핵심가치

안전

    화공약품의 사용상에 많은 문제가 발생하고 있어 사람과 환경에 미치는 문제를 줄이고자 다양한 노력을 하고 있다.

    앞으로 정부는 화평법화학물질의 등록 및 평가에 관한 법률 : 모든 신규 화학물질과 연간 1톤 이상 제조·수입·판매되는 기존 화학물질을 의무적으로 유역환경청 또는 지방환경청에 등록해 화학물질의 용도 및 제조·수입·판매량 등에 대해 보고하고 유해성, 위해성을 심사·평가를 받아야 한다는 내용의 법과 화관법화학물질 관리법 : 화학물질이 외부에 미치는 영향을 평가하고 이를 관리하는 제도을 더욱 강화해 나갈 것으로 보인다.

    이미 정부는 화관법과 화평법을 발표하고 감시감독을 강화하였으나 아직도 부족하다고 보고 있기 때문이다. 이런 법의 영향 하에 있는 기업들은 무엇보다도 안전하게 화공약품을 사용할 수 있도록 하는 시스템과 프로세스를 만들어 가고 있으나, 아직 만족할만한 수준은 아닌 회사가 많다. 앞으로도 더욱 강화될 화평법과 화관법을 비롯한 각종 규제를 감안하면 기업은 사람과 환경에 영향 없이 안전하게 사용할 수 있는 시스템과 프로세스를 만들어가는 것이 큰 숙제가 될 것이다.

과거 이 법의 초기 시행에서 법적으로 저촉이 되어 사회적으로 문제가 된 적이 있었다. 당시에는 이 화평법과 화관법이 막 발효된 상태라 그동안 발생한 사건사고를 감안하면 누구라도 첫 시범사건으로 법에 위반되는 회사는 아주 엄격히 법을 적용할 것으로 예상하고 있었다. 그것에 저촉되는 첫 시범사건이 우리 회사가 될 것으로는 꿈에도 생각하지 못하였다.

과거 사내에 보유하고 있던 미사용 화공약품을 폐기하기 위하여 사외 폐기물 전문 업체를 불러 유틸리티동 탱크 내에 보관하고 있던 염산계 약품을 반출차량으로 옮겼는데, 그 과정에서 화학반응을 일으켜 생성된 염소가스가 외부로 유출되어 버렸다. 일부 가스가 통풍구를 타고 건물 내로 유입되어 건물 내 제조와 검사현장에서 근무하는 작업자들을 빠르게 대피시켰으나 일부 작업자는 염소가스에 누출되었다. 조금이라도 염소가스에 누출된 모든 직원들에게 이상 없음을 확인하였지만, 조금이라도 이상을 느끼는 직원들은 전부 병원으로 옮겨서 진료를 받도록 하였는데, 이것이 당시 병원에 상주하던 지방 신문기자들에게 알려지면서 전국적으로 뉴스를 타기 시작했다.

당시 정부는 2015년 1월 발표한 화관법을 공표한 후 본 사건이 발생하고 신고를 10분 안에 하지 않았다는 위반사항을 우리에게 엄중하게 적용했고, 그로 인하여 회사와 대표인 필자는 많은 고통을 받았다. 모든 법이 양벌제도로 되어 있어 사고를 낸 당사자와 법인의 대표는 같은 책임을 지도록 되어 있었고 벌금을 물도록 되어 있었다.

화학물질을 제조하거나 만들어 사용하는 회사에서는 관리상의 문제로 지속적으로 화학물질 누출에 관한 문제가 발생되고 있어 앞으로도 정부는 더욱 강하게 이런 법을 추진해 나갈 것으로 보인다. 따라서 기업 활동을 원활하게 하기 위해서는 법 시행에 앞서 선제적으로 적극 대응해 갈 필요가 있다. 어차피 피하지 못하고 지속적으로 사업을 해야 할 입장이라면 이것을 극복할 수 있는 방안을 강구해야지 회피하는 방법으로 가는 것은 향후에 더 큰 문제에 봉착할 가능성이 크다. 따라서 관련 부문에서는 더욱더 안정적으로 화학물질을 평가·관리할 수 있는 시스템과 프로세스를 구축하고 이를 극복할 수 있도록 해야 한다.

본 사건 이후에 회사에서는 대대적인 안전에 관한 개혁을 추진해 왔다. 직원들의 의식을 올리고 현장의 각종 안전에 관한 업무와 문제점을 도출하여 현상을 진단하고 개선해 왔다. 국내의 우수한 사례도 있었지만, 다행히 TORAY는 이런 안전과 무사고를 회사의 핵심가치로 선정할 만큼의 우수한 시스템과 프로세스를 가지고 있었기 때문에 이곳의 시스템과 프로세스를 벤치마킹하여 당사의 안전에 관한 시스템과 프로세스를 혁신할 수 있었다.

각종 폐기물의 폐기처리 시스템과 프로세스를 새로 만들고, 폐기 전에 관련 부문의 합의 및 제조업자의 조언을 구하는 것과 폐기 후의 사후관리까지도 새롭게 정립했다. 설비의 난간을 만든 것과 계단의 높이를 30cm 이하로 관리하는 것도 모두 이 기간에 새롭게 만든 시스템과 프로세스와 기준이다. 또 현장에서는 설비마다 발생하는 누액 건수를 관리하여 매월 개선이 되도록 하는 방식으로 강력히 추진했고, 사원들의 의식을 올리기 위하여 안전제안제도를 상금을 올렸으며, 전 임직원의 참여를 통해 문제를 찾고 개선하는 안전분임조 활동을 도입하기도 했다. 2년이 지난 지금은 충청도에서 우수한 기업으로 평가되어 타 기업에서 벤치마킹을 하러 오는 기업으로 탈바꿈되었다.

현재도 우리 회사는 '임직원의 행복을 위한 무사고'를 핵심가치로 선정하여 업무에 임하고 있다. 임직원이 행복하기 위해서 '안전을 우선으로 하는 기업문화를 만들어간다'는 것은 결국 무사고가 전제되어야 하는 일이고, 회사의 무사고는 기업의 발전을 의미한다. 무사고가 아니면 기업의 힘을 한곳으로 모아가는 것이 어렵다. 당시의 사고에서도 여론의 뭇매를 맞으면서 회사의 힘이 분산되면서 아무것도 할 수 없음을 새삼 느꼈다. 무사고를 핵심가치로 만들어 가는 것은 결국 회사의 미래가 밝다는 것을 의미한다. 이후 매년 안전에 관한 임직원의 의식을 수치화하려고 노력해 왔고, 매년 상·하반기 2회씩 사원들의 의식을 조사하여 상대적으로 부족한 곳을 찾아 개선하는 활동을 하고 있다.

이번에 안전의식에 대한 평가를 설문을 통해 조사해 보았다. 안전에 관한 내용은 기준 없이 조사를 하면 전보다 좋아졌는지를 알 수 없다. 따라서 같은 항목으로 상대적으로 개선이 되고 있는지 여부를 볼 필요가 있어 정기적으로 우리가 하는 활동을 정량적·정성적으로 점검할 필요가 있다.

조사한 자료 속에서 앞으로 개선해야 할 문제를 찾아내는 것이 중요한데 단순하게 숫자를 볼 것이 아니라 그 숫자 속에 포함되어 있는 의미를 파악해 문제를 도출하고 개선할 수 있어야 한다. 만일 내부의 여건이나 능력이 안될 때는 벤치마킹을 하거나 외부 컨설팅을 받기도 하여 문제를 찾아낸다. 이렇게 도출된 문제를 개선하면서 그것을 프로세스로 만들고 시스템화해 감으로써 회사의 기본이 더욱 탄탄해진다. 이렇게 만들어진 기본은 어떤 경우에도 틀어지지 않도록 해줘야 한다. 기본이 틀어지면 그 밑에서 일하는 사람들이 혼선이나 혼란을 겪는다. 결국은 효율이 떨어지게 되고 본말이 전도되어 악순환이 반복된다.

우리가 안전을 염두에 두고 활동하는 것은 사건사고가 발생하지 않도록 미리 예방하기 위함이다. 그러나 이런 활동을 하는데도 사고가 지속적으로 발생한다면 그것은 방향이 잘못되었거나 아직 많이 부족하다는 의미다. 예방 활동은 사고가 발생할 확률을 줄여주는 활

• 안전사업장 구축 •

안 전	▶ 자율 안전체제 확립 • 전사 안전/위생/방재/환경위원회 • 부서 자율 안전점검 • 안전 VR 교육시스템 구축
소 방	▶ 방재시스템 구축 • 방재센터 운영 • 참여형 소방교육/비상대응훈련 • 사내 전 지역 화재예방 모니터링
보 건	▶ 임직원 건강관리 • 일반/특수/종합검진 및 사후관리 • 건강프로그램 운영 • 근골격계 유해인자 조사

동이기 때문에 사고가 발생하지 않는 것은 아니다. 따라서 꾸준함이 중요하다.

　미국의 경영컨설턴트 짐 콜린스는 '한 번의 큰 성공보다는 일관성 있는 작은 행동이 위대함을 결정한다'고 했다. 위대한 기업이 되기 위해서는 회사의 모든 일들이 일관성이 있어야 한다. 안전부문에서도 훌륭한 회사가 되기 위해서는 안전한 상태를 만들어 가는 과정에서 비록 문제가 발생하더라도 포기하지 말고 꾸준히 완성도를 높이면서 가는 것이 중요하다. 이를 위해서는 담당자 한두 사람의 생각과 눈높이가 아닌 많은 사람들의 눈높이가 중요하다. 결국 전 직원의 참여가 중요하고 그들 스스로 하고 있는 일들이 안전하다고 느끼도록 해야 회사의 다음을 기약할 수 있다.

02

실전과 같은 훈련

안전

사고는 언제나 예고 없이 찾아온다. 아무리 예방을 철저히 한다고 해도 사고는 찾아올 수 있다. 사전에 예방을 철저히 해야겠지만 만에 하나 사고가 생겼을 때 초기에 해결하기 위해서는 평소에 모든 훈련을 실전과 같은 방식으로 진행하는 것이 필요하다.

회사는 다양한 안전 장비나 시설을 준비하고 있다. 화재에 대비한 소화기, 유독가스에 필요한 방독면은 물론이고, 위험 시에 탈출하는 비상탈출 시설장치, 또 화공약품이 묻었을 경우 사용하는 샤워 Shower시설도 층별로 만들어져 있고 제세동기부정맥으로 보이는 심장에 고압전류를 단시간에 흘려 맥박을 회복시키는 기기도 각 공장의 요소마다 준비를 해놓았다.

안전 장비나 시설은 사용하는 훈련을 필요로 하는데 훈련을 실전이 아닌 연습이라는 생각으로 하다 보니 현실감이 떨어지게 된다. 현실에서 이런 일들이 발생했을 때 얼마나 잘 사용할 수 있을까를 고민하다가 훈련을 실제와 같이 하도록 유도해갔다. 물이 옷에 젖는 것을 걱정하지 말고 사고가 발생한 시점에서부터 가장 빠르게 약품이 피부에 영향을 주지 않도록 하는 방안으로 실전과 같이 연습을 하도록 했으며, 또 사고가 발생했을 때 제대로 작동이 되도록 하기 위하여 1주일 단위로 직접 작동해 보도록 하고 있다.

체득이 되어야 필요할 때 제대로 사용한다. 체득되지 않고 아무리 머릿속에 외워도 실제 사용이 필요한 경우에 제대로 사용할 수 없다면 없는 것이나 다름없다. 사고 시에 사람의 목숨을 살리는데 필요한 초기 시간을 골든타임이라고 하듯, 회사 내에서 사고가 나면 즉각 진화할 수 있도록 하는 골든타임이 있을 것이다. 이 시간 내에 안전시설을 충분히 사용하여 사고가 커지는 것을 방지하는 것이 필요하다.

실제 상황발생 시에 응급조치샤워 행동을 하는 동영상을 토대로 언제 방독면을 벗어야 하고, 왜 주변에 알리지 않고 있는지, 샤워 중에 언제 옷을 벗어야 하는지 등도 추가하고 표준화해야 한다.

> **안전은 무사고 확률 100%가 되어야 한다 ____**
> 불량을 개선하고 무사고를 위한 환경·안전 활동은 확률 게임과 같은 것으로, 불량과 사고가 발생할 인자를 미리 찾는 활동을 통해 문제가 발생할 가능성을 낮추는 것이 핵심이다. 이러한 활동의 궁극(窮極)은 품질 향상과 유지, 환경·안전사고의 제로가 되도록 하는 것이다.

03
현상을 대변할 수 있는 숫자를 연구하라

안전

우리 회사는 화공약품을 이용해 폴리이미드PI를 Base로 하는 FCCL연성회로기판, Flexible Copper Clad Laminate에 에칭을 하거나 도금을 하는 방식으로 제품을 생산하는 업체로 이 과정에서 약 250종이 넘는 각종 약품을 사용하고 있다. 그래서 회사 내에는 이런 화공약품을 관리하는 시스템이나 프로세스가 잘 정립되어 있다.

그러나 최근 금강유역환경청에서 실시한 폐수처리수의 슬러지 Sludge, 하수처리 과정에서 생기는 침전물의 성분 분석 결과, 반갑지 않은 소식이 들려왔다. 슬러지의 구리 농도가 4.2ppm으로 법정기준치 3ppm을 넘었기 때문이다.

염소가스가 유출되고 난 후, 회사는 그동안 많은 개선을 추진해왔고, 그 과정에 업무 전체를 재점검하는 내용도 있었기에 이런 문제점의 도출특히 회사의 이미지에 큰 흠이 가는 관리의 부실은 필자에게 큰 충격이었다.

　많은 개선을 추진해 왔음에도 불구하고 왜 이런 문제가 발생했는가를 조사해 보기로 했다. 사원들은 이 문제를 '그동안의 관행이라는 관점'에서 보고 앞으로 개선을 하겠다고 했다. 그러나 필자는 다른 관점에서 보고 싶었다. 분명히 본 업무를 하는 담당자가 있고, 정기적으로 검사한 결과를 외부 기관으로부터 받고 있었다. 또한 그 결과를 상사에게 보고하여 결재까지 받고 있는 상황이었다. 우리는 다른 문제를 안고 있는 것이 분명했고, 필자는 이 문제의 근본을 알고 싶었다. 그래서 다시 조사하고 분석해보니 사원들은 숫자의 의미를 잘 이해하지 못하고 있었다.

　문제의 항목 내용만 하더라도 그렇다. 침전물 구리 농도 항목은 당사가 조치원공장에서 오창공장으로 이전하는 과정에서 약품 사용의 허가를 받기 위해 한 번 측정한 이래, 12년 동안 한 번도 측정한 적이 없었다. 이렇게 오랜 시간 측정을 하지 않았던 이유는 하지 않아도 기준치가 3ppm인데 비해 초기값이 0.008ppm으로 나와서 이후 방출하는 구리의 농도가 아무리 높아지더라도 3ppm까지 올라가지 못할 것이라는 단순한 해석을 하고, 그 이후로 값을 관리하는 것을 소홀히 했던 것이다. 이후 측정했던 데이터를 보면 구리의 농도가 아주 미약하다는 핑계로 ppm1/1,000,000 단위가 아닌 %1/100 단위로 관리를 해왔다는 사실을 알게 되었다. %와 ppm은 소수점으로 환산하기조차 어려울 만큼 차이가 큰 단위다. 관리의 기준은 ppm인데 왜 지금까지 %로 관리를 해왔는지의 질문에 대답하는 사람이 없었다.

"당시 측정한 값이 작아서 %만 확인해도 될 것으로 생각했습니다."

그렇게 측정한 성적서가 와도 실무자는 의미도 모르고 보고를 하고, 보고를 받는 사람도 12년씩이나 의미 없는 보고를 받은 것을 알고 놀라지 않을 수 없었다.

평소 필자는 '우리가 관리하는 숫자는 의미를 가지고 있다'는 이야기를 자주 한다. 또 산포와 트렌드 이야기도 자주 한다. 그 숫자가 갖는 의미를 모르고 있다면 어떻게 업무가 될까?

당사와 같이 장치제품이고 리드타임이 긴 회사는 데이터가 갖는 의미가 아주 중요하다고 강조해왔어도, 이것이 품질과 제조에만 해당한다고 생각하는지도 모른다. 그러나 제조와 품질뿐만 아니라 모든 데이터에서 산포와 트렌드 관리가 필요하다.

예를 들어 화공약품의 침전물 검사는 현장에서 건욕하는 시기같은 시간에 얼마나 많은 설비를 청소하는가에 따라 달라질 수 있다. 외부에서 검사를 하든 내부에서 검사를 하든 점검하는 시기에 따라 결과값이 크게 변해 관리하는 상한선을 넘을 수도 있다면 요행에 의존하지 않고 관리하는 방법이 있어야 할 것이다. 어떻게 관리하는 것이 올바른 것일까?

이럴 경우는 우선 제조에서 약액을 사용하는 공정의 약액 총사용량과 폐기시간을 관리하여 그린센터Green Center, 폐수처리장 명칭에 사전 통보를 함으로써 사전에 침전물의 농도를 맞추는 방법을 찾거나 신고하여 중금속으로 관리하는 등의 방안을 사전에 찾아야 한다. 예를 들면 중화제를 더욱 사용한다든가, 폐액을 일시에 처리하는 것이 아니고 법이 허용하는 범위 내에 들어오도록 하는 방법, 일반폐기물이 아닌 지정폐기물로 전환해 폐기하는 방법이 있을 수 있다.

이외에도 여러 가지 방안이 있을 것이다. 중요한 것은 이런 것을 문제로 인식하지 않고 있다는 것과 문제로 이슈화 하여도 심각하게 생각하지 않고, 충분한 연구Study를 하고 있지 않다는 것이다. 회사 생활을 하는 우리 각자가 자신의 분야에서 전문가가 되기 위해서는 보다 더 깊은 고찰이 필요하다.

어차피 그 분야에서 계속 일할 거라면 전문가가 되는 것이 맞고, 그러려면 철저히 하는 것이 좋다. 어설프게 하는 것은 결국 회사에 폐를 끼치게 되고, 본인의 능력 개발에도 도움이 되지 않는다.

문제는 무엇이 부족한지를 모르는 것이다. 나름 열심히 하고 있다고들 생각하는데 항상 문제는 터진다. 왜 그럴까? 평소에 문제를 보는 습관을 만들지 못했고 열의도 부족하기 때문이다. 따라서 우리가 아무리 힘을 들여 고민을 해도 답을 찾기가 어려울 때는 전문가에게 도움을 요청하는 것이 좋을 수 있다. 앞에서도 여러 차례 언급했지만 내가 모르는 부분은 그 분야의 전문가를 찾아 정기적으로 자문을 구하면서 부족한 부문을 찾고 개선하면서 배워가는 것이 필요한 자세다. 이런 문제를 더 이상 재발시키지 않도록 하기 위한 방안으로써 자문역을 채용하고 하루라도 빠르게 우리가 일하는 방법과 자세를 새롭게 해야 한다.

04

전원참여 안전제안제도 도입

안전

당사는 250여 종의 화공약품을 사용해 제품을 만든다고 언급했다. 과거에는 각종 안전사고가 발생했지만 TORAY와 사내에서 관리를 강화하기 전까지는 사건사고가 발생했는데도 불구하고 보고가 누락된 적도 있었다.

내용을 조사해 보니 매년 한두 건의 사건사고가 발생하고 있었다. 그동안 보고가 안되어 무사고 사업장처럼 보였지만 모든 것을 제대로 보고하다 보니 사고 건수는 당연하게도 늘어났다. 그렇다고 그런 이야기를 하는 것은 사고가 생겼을 때 핑계처럼 들릴 수 있기 때문에 과거에도 사고가 있었다고 이야기할 수는 없었다. 핑계를 대기보다는 빨리 무사고 사업장이 되는 것이 핵심이 되어야 한다.

어떻게 사고가 나지 않는 사업장으로 만들어 갈 수가 있을까를 고민하다가 과거 중국에 주재할 때 적용했었던 안전제안제도를 도입하여 임직원의 안전의식을 제고시키기로 했다. 안전제안제도라는 의미도 그렇지만, 처음에는 사원들이 이 제도를 추진하는 의도를 잘 몰랐다.

초기에는 진행되다가 적당히 연출Showmanship로 추진하다 흐지부지될 것으로 생각했을 것이다. 그래서인지 사원들의 전원참여는 어려웠다. 그러나 반드시 환경·안전의 무사고를 위해서는 본 제도가 필요하다고 보고 강하게 추진하자 점차 제안 건수가 늘어났다. 필자는 더욱 사원들의 참여도를 올리기 위해 우수제안과 연간 우수자에 대한 시상을 통해 사원들의 눈높이를 올리는 활동을 지속해 왔다.

안전과 같은 업무는 담당자 한두 사람의 일이 되어서는 절대 성공할 수 없다. 안전담당자가 일하는 곳을 무사고로 만들자는 것이 아니라, 전 직원이 근무하는 일터를 안전하게 만드는 일이기 때문에 모든 사람들의 눈높이에서 문제를 찾아야 한다. 그러려면 임직원들의 문제를 보는 의식을 꾸준히 높이고, 임직원들의 눈을 이용하여 자기가 근무하는 공정의 위험Risk을 찾아내고 스스로 개선하여 안전한 사업장을 만들어 가는 것이 중요하다.

또 '무재해 무사고'를 회사의 경영철학으로 삼고 방침으로 만들어 Top Down이 되어야 한다. 강력한 경영자Top의 철학 하에 실행력을 올리는 Bottom Up이 된다면 그 사업장은 반드시 무재해 무사고 사업장이 될 것으로 믿어 의심치 않는다.

모든 것이 만족스러울 수는 없다. 그렇지만 지금의 당사 수준은 과거의 눈높이와 비교하면 비약적인 발전을 해왔다. 임직원들의 눈높이가 그만큼 높아진 것이고, 그만큼 회사는 안전해지고 있으며, 그만큼 회사는 새로운 사업을 할 힘이 만들어지고 있다.

05
안전분임조

안전

통상적으로 사고는 불안전한 상태에서 불안전한 행동으로 인해 발생된다는 사실을 알고 있다. 이에 불안전한 상태와 불안전한 행동을 개선하고, 우리 현장을 안전한 현장으로 만들기 위해 '안전분임조' 활동을 도입하기로 했다.

안전분임조라고 하니 어떤 활동을 하는지 처음에는 이해를 하지 못했지만, 지금은 어느 정도 분임조에 대한 틀이 잡혀가면서 회사의 고유한 안전 활동으로 자리 잡혀가고 있다. 안전분임조는 주로 우리가 일하는 현장에서의 행동과 상태를 집중적으로 분석하여 무엇이 잘못되어 있는지 구성원들이 함께 모여 토론하면서 찾아내고, 올바른 대책을 스스로 강구하는 활동을 한다. 이 활동은 자발적이고 적극적으로 안전 활동에 참여하는 것을 기본으로 하기 때문에 모든 구성원들의 안전의식을 올릴 수 있다.

안전분임조 활동은 일반 분임조와 구성은 같으나 활동은 우리의 업무에 맞춰 새롭게 탈바꿈 했다. 작업하는 공정의 행동을 동영상으로 촬영하여 그것을 함께 보면서 우리의 행동 중 위험한 요소가 무엇인지를 찾아내고, 올바른 대처 방안은 무엇인지 토론하면서 대책을 입안하는 것이다. 활동 기간은 보통 2개월이면 끝나도록 되어 있다. 이 활동으로 잘못된 내용은 바로잡아 표준화하고, 현장에 접목해 사고를 유발할 수 있는 내용을 개선하여 사고 발생 확률을 줄여나간다.

도입한 초기에는 전원참여가 되지 못했다. 분임조 활동을 하는 방법이나 방식이 체계가 잡혀있지 않아서 각 부문별로 2개월 단위로 한조씩 운영이 되었으나, 어느 정도 시간이 지나면서 전사적으로 확대하는 프로그램으로 운영될 수 있었다. 3년이 지난 지금은 현장 안전에 전원참여 활동으로 없어서는 안될 정도로 확대되었으며, 현장 개선의 중요한 도구가 되었고, 지금도 현장의 많은 불안전한 행동을 바로잡아 나가고 있다.

제조를 하는 곳은 업무 특성상 사원이든 관리자든 항상 긴장의 끈을 늦추면 안된다. 따라서 안전제안제도와 안전분임조 활동은 초기에는 주로 제조와 검사 등 생산 현장의 안전 활동으로 도입했으나, 환경·안전뿐만 아니라 전사의 모든 개선 업무에도 적용을 해야 한다. 그동안은 현장 위주로 도입을 했으나 이제부터는 전사적으로 확대를 추진하고 있다. 이는 참석자 전원의 안전에 대한 의식을 제고하는데 지대한 역할을 할 것이다.

지금 안전제안과 안전분임조 활동은 우리만의 강점이지만, 앞으로는 지역사회나 전국적으로 벤치마킹의 대상이 되어 안전한 기업 문화가 자리 잡혀 가게 되기를 바란다.

나 혼자 모든 문제를 찾아내고 개선하기에는 한계가 있다. 아무리 리더의 생각과 판단이 올바르다고 해도 다수의 눈과 생각을 따라가기 어려운 것이 바로 현장 업무다. 따라서 사원 한 사람 한 사람을 중요하게 생각하고 양성해, 그들의 오감으로 개선이 되도록 제도를 만들어 전원참여를 독려할 필요가 있다.

안전은 Top Down ___

안전에 관한 사항은 경영자에서 사원(Top Down)에게 전달되고, 사원들의 전원 참여를 통한 의식 제고를 시키는 것이 관건이다. 이 활동을 원활하게 하기 위해서는 성공사례를 만들고, 우수한 아이디어나 결과에 대해서는 반드시 시상을 하여 활성화(Boom Up)가 되도록 해야 한다.

현장에서의 사고는 불안전한 상태와 불안전한 행동에 의해 발생됨으로, 불안전한 상태와 행동을 점검하기 위한 분임조 또는 소모임을 통해 스스로 문제점을 찾고 개선하도록 유도해 주는 것이 중요하다.

06

안전담당제도와 부장 승진

안전

안전은 Top Down도 중요하지만 실무자들의 의식도 중요하다. 특히 리더의 생각이 중요하다고 판단하여, 차장 직급Level 이상의 인력은 반드시 안전업무를 필수로 경험하도록 제도화 했다.

부장이 되기 전에 반드시 안전담당업무를 경험하도록 하였고, 부장이 되기 전에 안전업무를 경험하지 않으면 부장으로 승진할 수 있는 기회를 제공하지 않는다.

본 제도는 2017년부터 도입이 되었다. 2018년 부장 승진 자격이 예상되는 사람은 우선 안전담당업무를 주고 본 제도의 도입으로 인한 불이익이 없도록 했다. 안전업무가 내키지 않는 업무라고 할지라도 제도적으로 서로 하려고 하는 풍토를 만들어 가야 한다.

또 안전 담당자들의 실적도 절대평가 기준을 토대로 문제없이 1년

동안 업무를 잘 추진해 왔는가를 평가해야 한다. 우수한 사람에게는 가점을 주고 부진한 사람에게는 벌점Demerit을 주는 방안을 강구해 가야 한다. 우리 회사는 약품을 많이 사용하고, 설비가 많으며, 각종 공사가 많기 때문에 조직적으로 시스템과 프로세스적으로 관리하여 체계적으로 움직일 수 있도록 만들어져야 한다. 그래야 앞으로도 깨끗하고 안전한, 그래서 행복한 일터가 만들어질 수 있다.

07

회사의 진짜 경쟁력은 어디에서 나오는가?

안전

    회사의 모든 자원은 무사고를 최우선으로 해야 한다. 여기에 사용되는 돈이 아깝다고 생각하는 사람은 생각을 바꿔야 한다. 안전과 무사고는 제품의 경쟁력이요, 회사의 경쟁력이다.

    과거 당사는 잘못된 지시와 감시 감독의 불이행으로 염소가스가 누출되는 사고가 발생했다. 당시를 기점으로 회사의 환경·안전에 대해 대폭 개선했고, 이제는 한층 안정된 모습으로 업무를 진행하고 있다.

    하지만 아직 부족하다. 일례로, 1월 안전회의에서 현장에서 사용하는 모든 콘센트는 고정되어야 한다고 했음에도 불구하고, 책상의 신규 구입과 자리이동 등의 영향으로 그대로 바닥에 방치되어 있었다. 그래서 다시 개선을 지시했다. 이외에도 업무가 끝나면 정리정돈이 안된 상태로 퇴근하고, 그것을 나중에 지적하게 하는 등 일의 시작과 끝은 정리라는 생각이 부족한 부서들이 아직도 있다. 더욱 의식 개혁이 필요하다.

안전의식의 설문조사는 우리의 수준을 숫자화 하는 것으로, 정기적으로 평가할 필요가 있다. 공장의 휴업Shut Down 후 재가동에 들어가게 되면 사전 점검과 가동 후에 임원과 그룹장의 눈으로 문제 유무를 확인하도록 하는 것이 반드시 필요하며, 이를 프로세스화해 갈 수 있도록 해야 한다.

안전 업무의 영역은 넓어져야 한다. 그동안은 제조 현장에만 국한하여 안전을 강조해왔지만 이제는 개인이 출퇴근하는 과정도, 개개인 집에서의 안전도, 회사의 안전업무의 범주에 넣어 넓혀가야 한다. 개인의 집이나 회사 밖에서 발생하여 사고가 나는 것도 회사로 봐서는 손해이다. 따라서 법적인 책임의 유무를 떠나서 회사의 안전생활과 집과 사회생활에서의 안전도 함께 강조하고 문제를 찾아 개선하도록 할 필요가 있다.

2015년 12월 13일, 사내 변전소에서 22,900V짜리 인입선 케이블 Cable의 피복이 열화 되어 파손된 사건이 발생했다. 원인을 파악해 보니 약 10년 전, 초기 공사 때 충격을 받았던 구리선 부분이 10년이라는 시간이 지나면서 조금씩 스트레스를 받아 어느 순간 그 부분이 터지면서 정전이 된 것이다.

공사 이후 시간이 10년도 넘게 흘렀기 때문에 이 부문은 한전에서도 공사를 담당했던 회사에서도 책임을 논할 수 없었다. 다행히 예비 케이블이 있어 대체가 되었지만, 케이블이 없었더라면 약 1주일은 공장 가동을 중단시킬 수밖에 없는 큰 사건이었다.

　이런 사고도 결국은 우리 스스로가 책임감을 갖고 외부 용역이나 전문가와 계약을 맺고 안전 유무를 사전에 검사하고 개선해 가는 방법이 최선이다. 이렇게 이제는 우리가 할 수 없었던 영역도 업무 범위 안에 포함시켜야 한다. 우리가 할 수 있는 범위 밖이라고 생각하면, 하늘에 기우제를 지내는 것 외에 할 수 있는 것이 아무것도 없게 된다. 반대로 불가항력적이라도 우리가 할 수 있다고 생각하고 방안을 찾아간다면 모든 일을 우리가 관리할 수 있게 된다.

08
안전과 무사고를 추진하는 문화

안전

안전 업무를 강조하면서 사내에서 여러 가지 업무가 도입되고 강화되었다. 그중 하나가 그동안 관리하지 못했던 전기가 흐르는 곳의 발열 정도를 측정해 화재 사고를 미연에 방지할 수 있는 활동이다. 실제 측정을 통해 발열이 높은 공정을 찾아내고 개선하여 화재를 미연에 방지했던 사례도 있었다. 이런 활동의 강화는 참 다행스러운 일이다.

평소 하지 않던 정전기 값과 발화 위험성을 평가한 것은 아주 좋았다. 최악의 경우에도 정전기 값이 발화 위험 지수에 도달하지 않도록 할 필요가 있다. 따라서 현재 상태에서의 표준 또는 평균값보다는 어떤 경우에 최고로 나쁜 조건이 만들어질 것인가를 분석해서, 그 경우에도 화재가 발생하지 않도록 하는 관리 방안이 필요하다.

환경·안전은 자라보고 놀란 가슴 솥뚜껑 보고 놀라야 한다. 개미굴이 둑을 무너뜨린다. 바늘 도둑작은 사고가이 소도둑큰 사고가 된다. 작을 것을 크게 확대 해석한다는 침소봉대 자체가 필요하다. 늘 모니터링과 분석을 통해 어떤 경우라도 문제가 발생하지 않도록 하고, 자신이 없는 부문은 실시간 모니터링 및 즉시 보고 체계를 만들어야 한다.

회사에는 생산하거나 취급하는 항목에 따라 고유한 문화가 생긴다. 누가 이야기해서 만들어지는 것이 아니고, 회사의 역사에 따라 오랜 기간에 걸쳐 저절로 만들어진다. 그러나 이런 문화는 회사에서 어떻게 유도해 가는가에 따라 달라지기도 한다. 따라서 회사의 문화는 회사의 경영진의 의지와도 많이 연관된다. 즉, 경영진에게 회사에 필요한 문화를 만들어 가려는 의지가 분명하다면 그런 문화는 반드시 만들어질 것이다.

우리 회사는 화공약품을 많이 쓰고 또 안전과 무사고를 지향하는 TORAY그룹의 방침을 기본으로 안전한 현장을 만들기 위한 노력을 추진해 왔다. 과거 폐액을 처리하다가 발생한 염소가스가 현장으로 유입되는 사고로 인해 우리는 엄청난 대가를 치렀고, 또 그런 문제를 다시는 재발시키지 않기 위해 노력해 왔다.

이것은 혼자서는 절대 만들 수 없다. 많은 돈을 투자하는 것보다 그런 활동이 문화로 만들어져 임직원들 스스로 참여하는 활동의 중요성은 이미 다 알고 있을 것이다. 앞에서도 언급했지만 어떻게 임직원들의 참여를 유도할까를 고민하면서 만들어낸 활동이 '안전제안과 안전분임조 활동'이다. 지금의 현상으로 나타나는 문제를 해결하는 것보다 안전을 문화로 만들어가는 것이 더욱 중요하다고 생각했기 때문이다.

두 가지 모두 초기에는 지지부진했지만 방법과 방향을 일러주고 할 수 있는 방안을 만들어 조금씩 참여를 유도하고 독려한 결과, 1년 반이 지난 지금은 상당부분 우리 회사의 전원참여 문화가 만들어지는 것 같아 고맙기도 하고 자랑스럽기도 하다.

TORAY 안전 정상회담Summit에 참가해 회사의 활동과 문화로 자랑하기도 했고, 이제는 삼성이나 충청지역 기업들이 와서 벤치마킹을 하는 기업이 되었다. 안전과 결부되는 설비의 PM 활동 실적도 안전분임조를 전국품질분임조경진대회에 나가서 소개한 결과 대통령상을 수상하기에 이르렀다. 이 모든 것이 앞으로도 우리 회사의 안전과 무사고를 추진하는 문화가 될 것으로 확신한다.

필자의 처음 생각이 틀리지 않았다고 확신하고, 꾸준하게 추진하면 현장이 움직일 것이라는 확신으로 이룬 결과지만, 우리 회사 사원들의 의식이 필자의 생각을 따라와 줄만큼 성숙해졌고 수준이 올라왔다는 것이 더욱 기쁘다. 앞으로 사원들의 안전의식은 더욱더 향상될 것이다.

안전한 무재해 사업장 만들기

당사는 제품을 생산하기 위하여 다양한 종류의 화공약품을 사용하는 회사이다. 많은 예방 활동에 주력하지만, 한편으로 만에 하나라도 발생할 수 있는 약품 누출 사고에 대응하여 년 2회 상하반기 팀장 및 실무담당자를 대상으로 비상대응 프로세스대로 비상훈련을 실시하여 약품 누출 사고 발생 시 신속한 대응조치로 인명구조 능력을 배양하는 훈련을 하고 있다.

앞에서 이야기한 대로 당사의 핵심가치는 안전이다. 전 사원을 대상으로 본인들이 근무하는 공간을 안전하게 근무할 수 있는 공간으로 만들기 위한 안전제안활동을 일반제안과 분리하여 도입하고, 매월 우수 제안과 실행자를 시상하고 연간 최다 출원자에 대해서는 전사 시상 및 포상을 함으로써 안전제안을 활성화하여 전원참여가 되도록 해왔다. 또 현장 내 소그룹 단위의 안전분임조 활동을 전개하여 작업하는 공간을 동영상으로 촬영한다. 이는 전원이 모여 현장의 불안전한 행동과 불안전한 상태를 함께 인식하고 도출하도록 하여 개선된 내용을 표준화하고 작업을 개선함으로써 현장의 불안전한 행동이나 상태를 개선하는데 많은 도움이 되고 있다.

또한 매월 현장사원을 대상으로 재해통계, 사고사례, 예방 내용으로 안전보

▪ 통근버스 화학물질 취급 안전포스터 ▪

▪ 현장 안전분임조 활동 ▪

건교육을 진행하고 있으며, 2015년 기준으로 인당 32시간 안전보건교육을 진행하였다. 대내외 안전 홍보물 제작 및 배포, 사내 안전 홍보방송을 통한 사내외 안전문화 확산 캠페인을 진행하였으며, 임직원 설문조사를 통해 안전의식 수준 파악 및 문제점을 도출하여 개선이 되도록 해왔다.

> · 회사 제일의 핵심가치를 안전으로 선정했다.
> · 안전제안 활동을 도입하고 각자가 근무하는 공간을 안전하게 만들어 왔다.
> · 안전분임조 활동으로 불안전한 상태와 행동을 도출하고 개선해 갔다.
> · 안전보건교육을 의무적으로 실시하여 안전의식을 고취시켰다.

09
영업의 비결은 발품과 전략

영업

　과거에 삼성에서 사장을 역임했던 분이 '영업력은 결국 발품'이라고 하셨다. 그분은 사업부장을 하는 동안 매월 1주일은 협력사와 만남을, 1주일은 고객사와 만남을, 나머지 2주일은 사내 경영을 기본 방향으로 잡고 이 기조를 유지하면서 영업을 하셨다. 그 영향으로 사업부는 장족의 발전을 했고 회사의 많은 손익을 견인할 수 있었다.

　영업이든 제조든 기술이든 본인들이 생각하는 바를 얼마나 실행하느냐가 다른 결과를 만든다. 경영에는 정답이 없고 왕도도 없다. 가장 좋은 결과를 만들어 내는 길은 '훌륭한 계획을 훌륭한 결과로 만들어 내는 능력'을 갖추는 것이다. 결국 계획을 실행발품으로 옮기는 것이 중요하다.

　실행력을 높이는 방법은 인센티브 등 다양한 방법이 있겠지만, 다음과 같이 발표를 통해 스스로 약속하게 하는 방법도 있다.

- 말이 행동을 결정함으로 발표를 시킨다.
- 부정적인 평가를 원하지 않게 된다.
- 구체화됨으로 스트레스를 줄일 수 있게 된다.
- 결과적으로 실행력을 제고시킬 수 있다.

발표를 한다는 것은 여러 사람들을 대상으로 하는 약속이기 때문에 스스로 한 번 더 다짐하게 된다. 실행이 '속도'라면 전략은 '방향'이다. 발품 위에 전략이 더해져야 한다.

다음은 추이원량, 우흥수의 저서 《지모》에 나오는 이야기다.

프랑스의 브랜디는 자국이나 유럽에서 인기가 좋았지만, 미국에서는 그 반응이 신통치가 않았다. 그러던 어느 날 한 판촉 전문가가 브랜디 회사를 찾아갔다.

"미국의 아이젠하워 대통령의 67세 생신날 브랜디를 선물하는 전략으로 미국 시장에 성공적으로 진출하도록 하겠습니다."

브랜디 회사는 곧바로 그의 의견을 받아들였다. 먼저 회사 측은 미국의 국무장관에게 다음과 같은 내용을 담은 선물 리스트를 보냈다.

'존경하는 국무장관님, 미국 대통령에 대한 프랑스 국민의 경의를 표하기 위해 아이젠하워 대통령의 67번째 생신날 67년 동안 숙성한

고급 브랜디 두 병을 보내고자 합니다. 부디 우리의 마음을 받아 주십시오.'

그들은 이 소식을 프랑스와 미국의 얼론 매체에 알리기 시작했고, 얼마 후 이 이야기는 미국의 거의 모든 사람들이 알게 되었다. 드디어 대통령에게 브랜디를 증정하던 날, 백악관 앞은 사람들로 인산인해를 이루었다. 프랑스 궁정 시위대의 복장을 갖춘 잘생긴 청년 4명이 선물을 들고 천천히 들어오자 사람들은 박수를 치며 환호성을 질러댔다. 미국 대통령의 생일이 바로 프랑스 브랜디의 환영의식이 되어 버리는 순간이었다.

그날 이후 미국 전역에서는 브랜디를 사려는 사람들이 줄을 섰고, 국가 연회는 물론 집집마다 브랜디를 쉽게 볼 수 있다.

10

신시장 개척시 유념할 것

영업

그동안 생산하던 1-Metal COF(단면)에서 이제는 2-Metal COF(양면)로 제품의 다원화가 되고 있고, 이 2-Metal COF(양면)는 모바일용 등으로 용도가 다양하게 사용될 수 있기 때문에 스스로 적극적으로 시장 개척을 해야 하는 시대가 되었다.

따라서 우리 회사도 '개발영업그룹'을 구성해 마케팅 기능을 강화하는 방향으로 조직을 변경했다. 조직을 만들었다고 이 기능이 갑작스럽게 활성화 되는 것은 아니다. 앞으로 어떤 방침과 방향으로 이 조직을 운용하고 전개하는가는 전적으로 우리가 풀어야 할 숙제다.

올해의 신시장을 성공적으로 개척하는 것에 내년, 내후년의 회사 중기매출 목표의 달성 여부가 달려 있다고 해도 과언이 아닐 정도로 중요하다. 성공적인 신시장 개척을 위해서는 다음 사항을 유념할 필요가 있다.

첫째, 할 일의 구체화를 통한 실행력의 배가이다.

할 일이 구체화가 되면 될수록 그 프로젝트는 성공 가능성이 높아지는데, 구체화하기 위해서는 일의 대상과 일정의 명확화가 중요하다. 우선 일의 정의와 목적을 명확하게 하고, 일정을 PERT프로젝트를 실시할 때의 일정 계획 및 진행의 관리를 효율 좋게 하는 기법로 쉽게 볼 수 있도록 하고, 그 PERT를 기준으로 월간, 주간, 일일 업무 계획을 수립하고 진행한 실적을 정리해야 한다. 그래야 그날 일들이 차질 없이 진행되고 부족한 부문이 만회될 수 있다.

전체적인 모습숲을 보고 부분적인 과제나무를 수행하는 것이 중요하다. 드러누울 자리를 보고 다리를 뻗어야 하듯 우리가 하는 일은 전체적인 모양새를 보면서 실행되어야 한다. 따라서 영업이던 제조이던 기술이던 우리가 하는 모든 일을 가시화해서 관리하는 것이 중요하다는 것을 절대로 잊지 않았으면 한다.

둘째, 중요한 것은 아이디어다.

고객이 무엇을 필요로 하는지 잘 파악하고, 그에 대한 사업 아이디어를 빠르게 만들어 고객과 협상을 통해 기회를 만들어야 한다. 신사업을 하는 사람들은 모험심이 강해야 하고, 아이디어가 있으면 즉흥적으로 만들어 볼 수 있어야 한다. 연구소는 문서로 일하는 것이 아니라 몸으로 일하는 곳이어야 한다. 또 연구소는 실패할 수 있어야 하며 실패 없이 양산으로 들어가는연결되는 것을 가장 경계해야 한다. 실패 없이 양산으로 들어갈 경우 열에 아홉은 쪽박이 될 가능성이 크다. 실패했다면 내용을 잘 정립해 놓을 줄 알아야 한다. 연구소는 개발 신뢰성을 개발의 최상위로 두고 일해야 한다. 남들도 할 수 있는 것은 돈이 안된다. 또 개발하더라도 쉽게 레드오션Red Ocean이 된다. 어렵더라도 돈이 되는 기술을 개발해야 하고, 개발 시에는 내부의 개발 기술에 대한 블랙박스화를 염두에 두고 해야 한다. 회사의 힘은 특허에서 나온다. 특허를 많이 만들어가는 것이 미래의 힘이 된다.

셋째, 제조와 연구 개발로 늘 내부를 탄탄하게 만드는 것이 중요하다.

부족한 기술로 사업을 확대하는 것은 바람직하다고 생각하지 않는다. 내 실력이 안되는데도 불구하고 사업을 넓히는 것은 섶을 지고 불로 뛰어 드는 것과 같다. 부실한 실력은 한순간 클레임Claim으로 이어져 회사가 존망에 이르게 되는 경우가 많다. 따라서 내부의 기술을 보다 안정적으로 탄탄하게 하는 것이 필요하다.

일례로 2-Metal COF(양면) 사업 도입기에는 경험이 없어 문제를 많이 일으킨 공정이 Via Hole표면과 이면을 관통 시킨 Hole 가공인데 최근 그동안의 꾸준한 노력으로 Via Hole의 정확도와 정밀도의 수준 제고가 되었고, SR공정도 기존과 다른 방식으로 제품을 생산하여 경험이 없던 부문을 설비 도입 후 다양한 개선 등을 통해 실력을 쌓아왔다. 공정의 안정화는 앞으로 우리가 새로운 사업을 확대하는데 아주 중요하다고 판단해 꾸준히 내부를 다지는 활동을 추진해 왔다.

그 결과 이제는 어느 정도 기술 확보로 공정의 관리Control가 되는 수준까지 되었다고 할 수 있음으로 공정의 기술을 활용한 Biz신사업 또는 부가가치 제고에 대한 박차를 가해도 되는 것이다. 제품이 개발되었다고 이런 내부 공정 기술 확보나 공정 안정화 없이 새로운 사업을 강행한다면 자칫 대형 품질 문제를 야기할 수 있다는 생각을 염두에 두고 필요한 기술을 선행하여 확보할 필요가 있다.

넷째, 연구소에서 추진하는 신사업은 실무자의 주관이 뚜렷해야 한다.

사업의 책임자로서 흔들리지 않고 갈 수 있어야 하는데, 최근 신제품을 개발하는 과정에서 드러난 문제나 또 이익률 분석에 관한 분석 내용을 보면 아쉬움이 생긴다. 신사업 필요 설비를 T사에 발주하고 개발을 하고 있지만, 역류Reflow의 온도 균일화 문제로 지지부진한 모습이다. 과거와 달리 앞으로는 내부 블랙박스Black Box, 내용물을 잘 알 수 없도록 함화를 위해 표준 설비를 구입해 당사의 노하우로 만들어 기술 유출이 안되도록 해야 한다. 따라서 사업 책임자는 흔들리지 않는 신념으로 스스로 기술을 확보할 수 있도록 해야 한다. 시간의 중요성을 고려할 것인가 설비의 기술 완성도를 고려할 것인지를 의사 결정하고 목표 달성을 위한 과감한 도전이 필요하다.

그리고 개발해야 하는 기술의 대상을 구체화할 필요가 있다. 또한 고객사의 요구를 파악하고 기술을 개발하되, 늘 개발하는 기술을 고객사에 판매촉진프로모션해 함께하고 있다는 느낌을 줘야 한다.

고객사와의 프로젝트화 하는 것 없이 내부적으로만 열심히 개발하는 것은 개발이 되더라도 사업 참여 시기가 늦어질 뿐만 아니라, 적기공급생산Just In Time을 요구하는 시장에 참여할 수 없게 되는 경우도 발생할 수 있다.

다섯째, 고객을 만나 우리의 기술을 어필한다.

신시장 개척 시에 고객을 만나는 일을 할 때는 메일과 전화로 하면 안된다. 앉아서 영업하던 시대는 지났다. 우는 아이 떡 하나 더 주는 시대다. 끊임없이 고객을 찾고 우리의 실력과 기술을 어필해 주어야 한다. 최종 완제품을 따라가는 기술이 아니라 완제품을 리드하는 기술을 보고 싶다. 우리 회사가 그런 회사가 되기를 기대해 본다.

11

스마트공장 프로젝트와 궁즉통(窮則通)

영업

우리나라의 제조업은 많은 부분이 싼 노동력을 찾아서 중국으로
또 동남아로 진출해 갔다. 당시로서는 경쟁에서 이기고 살아가기 위
한 방편으로 어쩔 수 없는 선택이었을 테지만, 지금은 급격한 인건비
상승 등으로 진출한 국가의 환경이 달라졌다. 이제는 인건비 차이가
많이 줄다 보니 다시 더 싼 인건비를 찾아서 공장을 이전하는 등의
움직임을 보이고 있다. 하지만 아무리 새로운 싼 인건비와 시장을 찾
아간다고 해도 그 수명은 그리 길지 못할 것이 자명하다.

또 본국은 본국대로 산업 공동화 현상으로 인한 역풍일자리 등을 맞
고 있다 보니, 자국으로 다시 돌아가는 현상이 발생하고 있다. 본사
또는 본국으로 돌아가면서 새로운 제조업 3.0이라는 이름 아래 인건
비의 차이를 생산성 향상이라는 개념으로 활발히 메우고 있다는 뉴

스를 접했다.

정부는 '스마트공장'이라는 이름으로 4차 산업혁명이 필요하다고 강조하고 있다. 스마트 제조라는 개념은 독일에서 도입되고 실시되어, 이제 미국을 비롯한 한국, 일본, 중국으로 그 활동이 번지고 있다. 독일은 강소 중소기업이 많이 있는데 이들의 대부분은 경기와 상관없이 기술로 승부를 하고 있다.

독일 기업의 경쟁력 비결

- 경기와 상관없이 기술로 승부
- 안정적인 노사관계 유지와 높은 노동 생산성
- 기술 인재 양성
- 가족 기업을 중심으로 장기적인 성과 추구
- 기존의 강점을 유지하면서 신시장 창조

2000년대 들어 경쟁력의 저하로 어려웠던 독일의 제조업은 스마트 혁신이라는 '인더스트리 4.0' 개념을 도입하고 새로운 경쟁력을 만들어 가고 있으며, 이 부문의 표준화를 추진해 온 지멘스와 보쉬가 선도하고 있다.

1989년에 독일 남부 암베르크에 설립된 지멘스 공장은 25년 전과 비교해 8배나 많은 제품을 생산하고, 5배나 많은 품목을 생산하고 있다고 한다. 보쉬도 자체적으로 개발한 실시간 데이터 평가 하드웨어와 소프트웨어 솔루션으로 생산 방식을 혁신하고 있다. 라인에서 생산되는 부품의 데이터를 수집해 클라우드 서버로 보낸다. 클라우드 서버에서는 3차원 영역에서 이 제품을 구동해 본다. 가상으로 제품의 결함을 체크하고 더 나은 생산 방법을 고민하는 것이다. 물리적 공간이나 제품 없이 미래를 예측하고 대응할 수 있는 것이다.

이를 위해서는 표준화가 중요하다고 한다. 이를 선점하기 위해서 전 세계가 치열한 경쟁을 하고 있다. 이렇게 되면 이들 자체로 비즈니스의 수단이 되는 것이다. 독일은 자체적으로 개발한 소프트웨어나 하드웨어를 만들어 전 세계에 팔 것이고, 후발 주자는 그 소프트웨어나 하드웨어를 구입해서 갈 수밖에 없게 될 것이다.

우리나라도 정부에서 스마트공장 1만 개를 짓겠다고 언론에도 보도되었지만 말처럼 간단한 일은 아닐 것이다. 모든 것은 궁즉통궁하면 통한다의 고민이 있어야 한다. 독일은 제조경쟁력이 세계 최고였으나, 최근 들어 중국 등 동남아의 싼 노동력에 경쟁력을 잃어 갔다. 그러다 스마트공장을 통해 경쟁력을 찾아가고 있다. 그만큼 고민 끝에 탄생된 것이 '스마트 인더스트리 4.0'이라고 보면 된다.

우리는 얼마나 이런 일로 고민을 해왔는가? 그동안 주력 생산품인 1-Metal COF(단면)의 이익률이 떨어져 더 이상 경쟁력이 없어졌을 때 어떻게 해야 하는지를 얼마나 고민하고 해법을 찾아봤는가를 놓고 보면, 거의 고민 자체를 해본 적이 없다는 사실에 놀라움을 금할 수 없다. 이래서는 경쟁력을 만들 수 없다.

'별다방'으로 불리는 스타벅스를 예로 들어보자. 스타벅스는 커피라는 음료로 대변할 수 있는 기업이다. 2015년 연매출이 우리 돈으로 22조 원이라고 한다. 창업 후 많은 우여곡절을 겪었지만 다시금 탄탄한 매출과 성장을 자랑하고 있다. 그 이면에는 여러 가지 혁신이 있는데 그중에 궁즉통에 해당하는 사례가 있다.

보통 커피숍에 가면 주문을 하고 진동벨을 받아 진동벨이 울릴 때 자신이 주문한 커피나 음료 등을 받아가도록 되어 있는데, 스타벅스에서는 이 진동벨을 사용하지 못하도록 규정되어 있다 보니 경쟁사에 밀려 매출이 떨어지는 등의 문제가 있었다. 특히 아침 출근길에 1분은 귀중한 시간으로, 주문을 하고 한참을 기다려야 하니 차츰 손님의 발길이 줄어들었다.

이런 고민을 본사에 수없이 이야기했지만 본사에서는 벨을 사용하는 방식의 품격 등으로 사용을 불허해 왔다. 고민 끝에 한국에서는 본사에서도 시도하지 않았던 새로운 방식을 스마트폰과 GPS를 이용해 반경 500m 이내에서 선주문하는 방식을 새로운 대안으로 도입했고, 결과는 성공적이었다. 고객이 스마트폰 앱에 접속하면 500m 이내의 스타벅스가 뜨고, 이 중에서 고객이 편리한 곳으로 주문을 하면 매장 도착 시점에 바로 커피를 받을 수 있는 것이다. Online to Offline020의 방식으로 이동하면서 선주문을 하고, 매장에 가서 QR코드를 찍으면 바로 음료를 받을 수 있다.

이런 개발 내용을 미국 본사로 역수출해 현재는 미국에서도 도입 및 운영하고 있다고 한다. 본사가 허용하지 않은 고민을 한국의 실정에 맞는 고민 끝에 만들어진 혁신 사례라고 생각한다.

혁신은 현실을 얼마나 절박하게 인식하고 고민해 왔는가에 따라 그 결과가 다른 크기로 탄생된다.

12

부가가치를 올리는 영업의 방향

영업

당사의 주력 제품인 1-Metal COF(단면)의 가격은 2012년부터 지금까지 약 60% 정도 인하되었다. 매년 가격이 인하되는 이 제품군, 이 시장에서 과연 우리는 부가가치를 올리려는 시도와 노력을 얼마나 해왔나 생각해 볼 필요가 있다.

전략적으로 생각해 볼 때, 고객사의 물량을 경쟁사에 빼앗기는 이유를 가격 인하라는 방안으로만 대응하는 것은 하책이다. 보다 효율적인 방안은 없을까? 예를 들면, 품질은 2015년 11월부터 지속적인 1위를 차지하고 있음으로 영업에서나 고객의 접점 면에서 이런 내용을 잘 활용해야 한다. 또 당사만의 강점을 정리하여 고객사의 요구와 결부시켜 가는 방안의 강구 등 핵심경쟁력을 영업에서 활용할 수 있어야 한다.

또 끌리는 기업이 되어야 한다. 어떤 기업 또는 어떤 사람과 이야기를 하면 부담이 없고 편해서 더 많은 일을 주고 싶은 경우가 있다. 고객의 접점接點에 있는 사람들도 이런 내용을 잘 이해하고 고객이 느끼기에 끌리는 기업이 되도록 노력해야 한다. 그 결과는 매출과 손익의 증가로 연결될 수 있다.

한때, 우리 회사는 대만 비즈니스에서 경쟁사에 물량Market Share을 빼앗긴 경험이 있는데 그 원인을 깊이 분석해서 대책을 세울 필요가 있었다. 경쟁사가 물량을 확보하게 된 배경을 이해하고 고객의 입장에서 생각하고 결론을 내린 것은 근거리에서의 기술 서비스와 신속한 대응이라고 판단하고, 대만 지사를 설립하고 고객사와의 관계를 개선하기로 했다. 이후, 물량은 다시 회복되었고, 지금도 비즈니스의 활성화를 위해 현지 인력의 보강과 교육을 하고 역할과 책임을 재정립하는 활동을 지속적으로 추진하고 있다. 앞으로도 대만 지사의 역할이 중요하며 1차 고객사만이 아닌 최종 고객사의 기술 동향 등도 파악하고 기술 개발에 도움이 되도록 하고 있다.

과거의 영업과 달리 현대 영업, 특히 IT 분야에서는 기술 이해와 고객 지원이 아주 중요한 기능이 되었다.

영업의 역할과 방향

· 기존 제품의 신시장 진출
· 기존 시장의 확대
· 새로운 기술을 추가한 부가가치의 확대

단기적인 물량의 증감보다 중요한 것이 중기·장기적 관점에서 사업의 지속과 확대를 고민해야 하고, 또 부가가치의 개념에서 기능이나 역할이 추가되어야 한다.

부가가치의 확대라는 개념을 영업의 일이라고 생각한 사람은 없을 것이다. 그러나 앞으로는 부가가치의 확대 또한 영업의 한 기능이 되도록 해야 할 것이다. 또 고객 접점에 있는 사람들이야말로 끌리는 기업으로 느껴질 수 있도록 노력해야 하고, 사업을 지속하는 한두 자리 숫자의 이익률이 나도록 하는 방향을 지향해야 한다.

13

영업의 기능은 무엇인가?

영업

회사는 사원들을 책임져야 하는 의무가 있다. 회사는 단순히 급여를 주는 곳이 아니라 임직원의 행복을 추구하는 곳이라는 관점에서 서로 Win-Win할 수 있어야 한다. 그러기 위해서는 내부를 탄탄하게 만들고, 이것이 곧 물량으로 연결되어 꾸준한 이익이 나도록 만들어가야 한다. 이것이 영업이 강조되어야 하는 이유다.

요즘 영업은 개념도 다양해서 간단히 정의내리는 것이 쉽지 않지만, 회사는 영업 활동의 결과로 생긴 매출과 손익을 통해 사원들에게 급여도 주고 주주에 대한 분배와 재투자도 하는 것인데, 그 최전선에 있는 부서가 영업인 것이다.

그렇다면 영업의 기능과 역할은 무엇일까? 영업은 제조와 달리 정해진 계획보다 개인의 독창성이 요구되며, 개인의 역량에 따라 결과

Output가 달라진다. 물론 회사의 전폭적인 지지와 지원이 필요하지만 시장의 변화하는 환경에 적응하면서 결과를 만들어야 하는 곳이 영업부서이다. 적극성이 필요하지만 상대하는 사람들의 특성에 따라 대하는 방법이나 방향도 달라져야 하는 아주 까다로운 일이기도 하다. 영업의 방향에서도 언급했지만 영업은 기술 서비스를 바탕으로 하는 물량 확보와 이익률을 전제로 하는 부가가치 창출, 지속가능성에서의 고객 요구 파악과 신규사업화, 신시장을 개척하고, 기능적인 측면에서는 고객사시장와 사내의 원활한 링크로 원만하게 움직이게 하는 기능을 해야 한다.

이러한 기능을 활발하게 하기 위해서는 언변과 매너를 갖춘 끌리는 사람, 적극적이고 능동적인 역량, 기술 지원이 가능한 서비스 역량이 요구될 것이다.

당사의 제품은 그동안 삼성과 일본 TORAY의 요구에 의해 만들어졌기 때문에 별도의 영업 능력이나 시장을 개척하는 마케팅 능력에 대한 필요성이 그다지 크지 않았다. 그러다 보니 영업에 종사하는 사람들도 능력 배양에 대한 필요성을 느끼지 못한 것도 사실이다. 최근 몇 년간 새롭게 개발한 제품을 확대 판매하기 위해 시장 및 고객 개척을 추진해 가고 있으나, 그간 상품 선택의 여지가 없는 시장Captive Market만을 대상으로 일을 해오다 보니 능력 배양이 안되어 고객을 개척하는 능력의 부재가 큰 장벽처럼 다가왔다.

앞으로 독자적으로 생존하기 위해 독보적인 기술을 확보하고 앞으로도 다양한 방면으로 기술을 발전시켜 나갈 것이다. 기술 개발과 사업을 추진하기 위해서는 영업의 기능이 더욱 부각되어야 한다. 시장의 흐름과 고객사, 경쟁사의 트렌드를 읽고 시장을 만들어가기 위한 영업의 기능과 역할을 위한 능력 개발이 더욱 필요한 시점이다.

영업의 핵심은 물량의 수주이지만 영업만이 가져야 하는 특수한 기능을 이해할 수 있어야 한다. 고객사와 협업을 추진할 수 있는 추진력과 책임감을 가지고 있어야 하며, 내부적으로는 사내의 전폭적인 지원을 통해 결과물을 만들어 낼 수 있어야 한다. 영업은 개개인의 능력에 따라 결과가 달라진다. 회사는 그런 영업이 가능하도록 능력 배양과 책임 의식을 만들어 주어야 할 것이다.

14

영업맨이 가져야 할 기본자세

영업

조직에는 역할과 책임이 따른다. 아무리 제품 개발이 잘 되어도 영업에서 수주를 받지 못한다면 실패한 것이나 다름없다. 영업은 사원들의 호구지책매출과 손익을 책임지는 부서다. 우리 회사의 이익은 단순히 그냥 만들어지지 않는다. 영업은 많은 발품을 팔아야 하는 곳이고, 고객사와의 링크와 원활한 소통 채널을 만들어가는 부서다.

예부터 직장의 꽃은 영업부서라고 했다. 그만큼 영업을 중요하게 생각했다. 또 무엇보다 개인의 능력을 잘 발휘할 수 있는 곳이기도 하다. 그렇다면 영업의 기본 소양은 무엇일까?

첫째, 본인이 판매하고 있는 분야의 '제품 기술'과 '제조 기술' 숙지를 통한 기술 서비스 능력의 보유다.

현대특히 IT 부문에 기술을 모르고 영업을 하는 것은 불가능하다. 물건이 아닌 기술과 품질을 파는 탓이다. 그런데 이런 영업의 기능을 감당할 자신이 없다고 하면 단순히 수주만 받는 업무를 하는 수밖에 없다. 그러면 본인의 능력을 키워 갈 수 없으며 회사에서도 인정해 주지 않는다. 회사에는 미래의 리더가 필요하다. 그런데 조직을 통해 어떤 성과를 만들어 내지 못하고 그냥 주는 대로 받아오는 수주를 하는 업무는 향후 조직의 장이 되었을 때 역량을 발휘하지 못한다. 회사가 바라는 미래 인재는 자신과 조직의 힘을 이용해서 어떤 결과물을 만들어 낸 경험이 있는 사람이다.

지피지기면 백전불태知彼知己 百戰不殆라고 했다. 나를 올바로 알고능력과 강점, 약점, 경쟁사와 고객사를 알면 일반적으로는 경쟁의 우위에 설 수 있다. 우리 회사는 현재 품질과 설계, 리드타임, 납기 등 모든 면에서 경쟁사를 앞서는 조건을 만들었다. 그런데도 모든 것에서 뒤지는 경쟁사에 물량을 빼앗기고 있다. 왜 그럴까? 우리 회사의 영업은 단순히 우리 제품의 가격이 비싸서라는 말만 반복한다. 품질 좋고 싼값에 팔리는 물건을 주고 영업을 못하면 그게 더 이상하지 않을까?

무에서 유를 창조하듯, 우리의 기술을 적극 활용해 새로운 사업을 만들어 갈 수 있도록 하는 영업 능력이 있어야 한다. 그래야 전문가다. 영업은 늘 고객사와의 소통의 채널을 만들고, 고객사의 요구를 파악해 내부에 피드백하고 기술 개발과 상품화 능력을 만들어가야 한다. 또 고객의 정보를 통해 단기는 정확하게 예측한대로 갈 수 있도록 트렌드를 읽을 수 있어야 한다. 그런 내용을 바탕으로 회사는 제조에 필요한 자원 사용 계획을 수립한다. 물론 때로는 예측한대로 가지 못하고 틀릴 수도 있다. 그러나 한 번 틀린 내용은 다시는 틀리지 않도록 해야 한다. 매번 틀린다면 그것을 데이터라고 할 수 없다.

둘째, 힘들어도 포기하지 말고 끌고 가는 적극적이고 능동적인 역량 개발이다.

그래서 결국은 결과물을 만들어 내는 힘일 것이다. 이것은 평소 소홀히 하다 어느 한순간 만들어지지 않는다. 늘 꾸준함을 가지고 오랫동안 추진해야 만들어진다.

9월에 보고를 받았던 1-Metal COF(단면)의 판매 전망치가 11월, 12월에 판매할 시점이 되자 줄어들었다. 왜 급감하게 되었는지 물어보니 시장의 물량이 줄었다고 한다. 과거의 패턴이 떠올랐다. 한때 물량이 줄면 품질 문제와 납기 문제, 비용구조 문제를 거론한 일이 떠올랐다. 품질과 납기는 개선을 했으나 비용구조의 개선은 시간이 걸리니 우선 판가 인하를 해서라도 우리가 필요한 수량 1억 개를 수주 받아 달라고 했다. 판가 인하로 1억 개 판매 시 이익이 50% 감소한다면 경쟁력 확보를 위해서 내부 개선을 하겠다고 했는데, 결국은 가격을 낮춰도 더 이상 수주가 어려운 공급망관리SCM의 구조를 알게 되었다. 내부 경쟁력도 중요하지만 고객사의 이원화 또는 삼원화라는 정책을 가지고 있는데 회사 내부에 올바른 정보를 주지 못하면 문제를 풀어갈 수 없게 된다. 결국은 다른 핑계를 대고 회사에서는 올바른 결정을 하지 못하게 되고 겉돌게 되어 배가 산으로 가는 꼴이 된다. 남의 탓보다는 내가 해야 한다는 생각과 스스로 움직이는 능동적인 역량으로 새로운 시장과 신사업을 창출해 내는 힘이 영업에는 필요하다. 또한 시장의 상황을 정확하게 읽어내고 문제를 올바르게 보고, 판단할 수 있도록 하는 힘이 중요하다.

회사는 어떨까? 다음의 세 가지 관점에서 봐야 할 것이다.

- 회사에서는 문제를 올바르게 보는 사람을 만드는 것(인재 육성)
- 이들이 하는 문제 제기를 받아들일 수 있는 시스템과 프로세스를 만드는 것(인재가 있어도 이런 지원 시스템이 없다면 그들로부터 참원인과 대책을 들을 수 없을 것이다)
- 쟁점화한 내용에 대해서 올바르게 판단하는 것(올바른 판단을 하기 위한 올바른 보고가 전제이나 리더는 항상 올바른 판단을 내릴 수 있어야 한다)

항상 최종적인 결정은 리더의 몫일 수밖에 없다. 그렇기 때문에 리더의 자질과 경험이 절대적으로 필요하다. 앞서 이야기한 세 가지가 선순환 되지 않으면 결국은 문제가 덮이게 될 것이고, 궁극적으로는 회사의 존립을 흔들어 망하는 길로 갈 것이다. 그러니 문제를 문제로 보고 올바르게 제기해 올바른 판단을 하도록 하는 활동이야말로 암을 치료하는 기적의 치료제와 같다고 할 수 있다.

셋째, 언변과 매너를 갖춘 끌리는 사람이 되어야 한다.

최근의 영업하는 사람들은 외국어는 기본이 되어 있지만, 이것도 중요하나 영업은 고객의 접점에 있는 사람으로서 매너와 에티켓이 중요하다. 말 한마디로 천냥 빚을 갚는다는 속담처럼 영업은 상대에게 끌리는 사람이 되어야 한다. 말을 할 때에도 상대방의 이야기를 충분히 들어주고 상대방의 입장에서 해석할 수 있어야 하고 상대방이 원하는 내용을 이야기 할 수 있어야 한다.

고객과의 미팅을 할 때 우리 입장에서 해야 할 이야기와 내용으로 자료를 만든다. 또 일방적으로 하고 싶은 이야기를 하고 이야기를 끝내려고 한다. 이렇게 해서는 매력적인 영업맨이 될 수 없다. 고객과의 접점이 있는 사람들에게는 링크 역할을 하고 원활하게 돌아가게 하기 위해 고객과 소통하고 공감하는 능력이 필요하다. 이렇게 되면 매너 있는 사람, 끌리는 사람이 될 것이고 고객과의 신뢰관계가 한층 올라갈 것이다.

15

장기적인 그림을 그려라

영업

영업다운 영업을 하려면 본인들이 담당하는 제품의 기술과 원가구조를 정확하게 파악하고 있어야 한다. 개발은 개발만, 영업은 판매만 치중하는 방식으로 업무를 하다 보니 개발하는 사람도 영업하는 사람도 원가구조를 모르고 일을 하는 경우가 허다하다.

이 문제를 개선하기 위하여 시스템과 프로세스를 새롭게 도입하는 등의 혁신을 추진해 왔다. 많은 사람들이 원가를 알게 되었을 경우 경쟁사와 고객사에 우리의 원가구조가 오픈될 수 있음을 우려했지만, 현대는 모든 것이 빠르게 변화하는 시대이다 보니 너무 지키기만을 위한 경영은 오히려 퇴보하는 것처럼 보일 수 있다.

따라서 원가구조 오픈의 여부보다는, 고객사와 신모델의 가격 책정을 할 때나 협상을 할 때 당사가 가져야 하는 최소한의 마진을 염두에 두고 이익률을 만들어 가는 활동이 필요할 것이다. '개발'은 고객의 요구를 기술로 개발하면서 늘어나는 가격을 영업에 피드백하고, '영업'은 그 기술을 이익으로 만드는 메커니즘을 염두에 두고 고객과의 영업활동을 해야 한다.

대기업의 영업은 실무자가 원가구조를 알고 활용을 잘한다. 본인이 결정할 수 있는 선과 그룹장의 재가를 받아야 하는 선, 또 팀장이 결정하는 선이 있다. 그 이상이 되면 사업부장이 결정을 하도록 하는 시스템으로 되어 있다. 원가가 공개Open된다고 이익이 나는 수준에서 담당자 임의대로 가격이 결정되면 하나의 기술로 꾸준한 손익을 만들지 못하게 되고 결국은 시간이 지나면 적자 또는 사업 철수로 이어져서 임직원들에게 피해가 갈 것이다. 그만큼 가격을 결정하는 것은 사업의 미래와 회사의 미래가 결정되는 만큼 신중해야 한다.

영업은 본인이 하는 일에 의미를 부여하고 재미를 느껴야 한다. 영업의 일은 상당부분 독립적으로 추진되기 때문에 담당자가 재미를 못 느끼면 성과도 지지부진해진다. 본인들이 하는 일이 재미가 없다면 어떻게 재미있게 할까를 고민해 가자.

필자는 영업에 단기적인 실적만을 주문하지 않는다. 제조에도 3년 또는 5년의 모습을 그리고, 어떻게 개선할 것인가를 정하길 바란다. 장치제품은 하나를 개선하고자 해도 오랜 시간을 필요로 하며 1~2년이 걸려도 승인이 안나는 경우도 허다하다.

따라서 체계적인 개선 계획이 중요하다. 현재 거래하는 고객의 미래 아이템을 파악하고, 현재는 얼마인데 3년 후에 매출을 얼마로 올려야겠다는 등 구체적인 계획을 가지고 움직이면, 매년 할 일이 생기고 장기적인 관점에서 업무를 할 수 있을 것이다.

16
업무의 부가가치 높이기

영업

모든 조직에는 고유 업무가 있고, 고유 업무를 위해서 조직원을 고용한다. 관리와 인사와 영업, 기술, 제조, 품질, 연구, 개발, 구매, 설비, 환경·안전 등의 부서에는 고유 업무를 위한 시스템과 프로세스를 가지고 유기적으로 공동의 목적과 목표를 위하여 업무를 추진하고 있다.

그런데 이런 업무에서는 일하는 사람들의 부가가치에 대한 내용을 뚜렷하게 관리하거나 목표로 주어지지 않는 것 같다. 사실 이런 고유 업무가 제대로 추진되지 않아도 눈에 띠게 표가 나지 않는다. 따라서 자칫 간접업무에는 많은 손실Loss이 발생되기 쉬운데 이런 업무의 손실이 발생되지 않도록 하기 위한 방안은 없을까?

우선 자신들이 하는 업무에 부가가치를 부여할 수 있는지를 생각해 보고 그런 다음 그 부가가치를 지표화해 보자.

　업무의 시간, 양, 깊이, 완성도, 또 주변 협력도, 회의시간, 업무 건수 등 할 수 있는 모든 것을 숫자화한 다음 중요항목 순으로 개선할 수 있는 목표를 수립한다. 줄이는 것을 부가가치로 해도 좋고 점수를 올리는 것을 부가가치로 해도 좋다. 이렇게 효율화하는 방안을 도입하여 추진해 간다면 좋을 것이다. 특히 이런 업무 중에 매일 진행되는 일정한 업무는 시간을 줄이는 방식으로 개선하도록 한다. 시스템과 프로세스를 도입하여 일정한 업무는 제로Zero화 한다. 이런 것이 간접업무의 효율화이다.

　이제는 모든 간접업무의 효율화를 적극 추진해야 한다. 사내에는 정보부서가 있다. 정보부서에 의뢰해 시스템과 프로세스를 개선하고 본인의 업무를 쉽고 빠르게 할 수 있도록 만들어 가야 한다.

　그래야 더욱 많은 업무를 담당할 수 있고, 그만큼 그릇의 크기를 키우고 본인의 역량이 커가는 것을 느낄 수 있게 된다. 그것이 본인의 업무 부가가치가 되는 것이다. 그러려면 늘 본인의 업무에 대한 의문을 가지고 개선점을 찾아야 한다. 끊임없는 문제 제기를 통해 그런 능력을 만들어 갈 수 있다. 본인이 느끼는 문제를 그냥 본인만의 업무 문제라고 생각하지 말고 회사의 문제로 쟁점화 해야 효율화가 될 수 있다.

17

원가 의식과 신제품 개발

영업

연구소나 개발그룹에서 신사업을 위해 기술이나 신제품을 개발할 때 완성도도 중요하지만, 팔리는 제품이 되기 위해서는 Cost가 중요하다. 아무리 신뢰성이 좋고 기능이 우수해도 가격 경쟁력이 부족해 팔리지 않는다면, 기술이나 제품을 개발한 의미는 사라지고 만다.

그래서 늘 연구소나 개발그룹에서는 원가에 대한 중요성을 강조한다. 그동안 우리 회사는 원가 개념이 부족한 상황에서 회사가 운영되어 왔다. 제품을 개발하는 사람은 개발 업무만 하고, 원가 검토는 관리에서 하다 보니, 재료비와 원가가 얼마인지를 모르고 영업은 관리에게 가격을 받아 판가를 결정해 왔다. 그러다 보니 사업을 책임지고 추진하려는 사람이 없고 책임 의식도 결여되어 있었다.

아무리 업무가 분리되어 있다고 하지만, 자기가 하는 일이 회사에 이익이 되는지 아니면 적자인지를 모르고 일을 한다는 것은 있을 수 없는 일이다. 이 문제점을 개선하기 위하여 과거 공장장을 맡아 일을 하던 시절에 구매나 관리, 설계자에게 원가를 공개하고 가격 의식을 갖도록 하고자 해도 경쟁사에 정보가 나간다며 거부당하기 일쑤였다. 후에 대표가 되고 난 후 이런 기능을 바로잡긴 했지만, 연구소나 개발자들에게 원가 의식을 바르게 넣어 주기까지 적지 않은 시간이 걸렸다.

신제품을 개발하거나 신사업을 하기 전에는 중장기적인 손익을 계산하기 마련인데, 역할이 분리되어 있다는 이유로 어렵게 기술을 개발하고 사업화한 내용의 손익이 나쁘게 나오면예를 들어 적자 누구의 책임이 되는 것일까? 통상적으로 사업성을 검토하는 사람은 손익 계산을 포함해 사업에 대한 책임을 져야 한다. 관리에 원가 검토 결과를 받는 것도 필요하지만, 검토된 원가가 경쟁력이 없다면 공정을 줄이고 생산성을 올리고 재료비를 줄이는 등 어떻게 단계별로 이익이 나는 구조로 만들어 갈 것인가를 포함해 사업을 검토해야 한다. 이런 모습이 책임을 지는 자세다. 필요한 기술 개발만 하고 원가에 책임이 없다는 태도를 취하는 것은 그 회사의 인재 육성이 잘 되고 있지 않다는 것을 단적으로 보여준다.

> 과거와 달리 현재는 조직이 세분화 되어 있다. 따라서 사업성을 검토할 때 원가를 분석하고 개선하는 일을 누가 책임지고 진행할 지를 초기부터 명확하게 부여할 필요가 있다. 또 원가에 대한 개념을 보다 강화시키고, 중장기적으로 손익을 만들어 가는 메커니즘의 설계가 초기부터 진행되도록 해야 한다. 손익은 결과가 아니라 계획이어야 하며, 만들어지는 것이 아니라 만들어 가는 것이다.

18
고객의 요구를 아이디어로 연결하라

영업

    스마트폰의 탄생으로 전 세계에 많은 스타트업 회사가 생겨나고 있다. 이 중에는 우버택시나 페이스북 등 시가총액이 10억 달러 이상인 기업도 여럿이 있는데, 대부분이 고객의 요구소비자의 요구나 불편 사항를 찾아 그것을 사업으로 만들어 가는 일들을 통해서 탄생했다.

    이렇듯 비즈니스는 고객의 요구를 찾아 아이디어로 연결하는 것이 중요하다. 애석하게도 우리 회사의 고객은 한정된 B to B로 특화되어 있어 개인이 사업화할 수 있는 그런 소프트웨어와는 거리가 있지만, 우리도 나름대로 고객의 요구를 파악하는 것은 아주 중요하다.

    당사의 부품은 끊임없는 가격 인하로 인해 애로를 겪고 있다. 매년 판가는 인하되는데 생산성 향상 등 원가 개선은 한계가 있다. 그럼에도 불구하고 시장 판가는 줄고 있다. 그러나 우리는 가격 인상은 생각도 못한다. 오히려 인하 여력이 없다는 것은 경쟁사 진입의 빌미가 된다. 이렇게 레드오션이 되어 버리면 사업을 멈출 수밖에 없게 된다. 이런 레드오션을 다시 블루오션으로 만드는 방법은 없을까?

IT에서 기술의 진보는 빠르고 고객의 니즈도 다양하게 변화하고 있다. 이러한 니즈를 기술로 개발하고 부가가치를 올리는 방법을 생각해 볼 수 있다. 그런데 이런 니즈가 있어도 내부적으로는 긍정보다는 부정적인 생각이 크다면 대응해 가기 어렵게 된다.

짧은 시간 내에 고객이 요구하는 니즈에 대응할 수 있는 프로세스와 시스템 개발, 그리고 불가능보다는 항상 '될 수 있다', '할 수 있다'는 긍정의 마인드로 이러한 기회가 주어졌을 때 빠르게 대응하면 레드오션에서도 부가가치로 승부하는 블루오션을 볼 수 있을 것이다.

그동안 고객이 필요로 하는 내용을 우리는 부정적으로 대응해 온 것은 아닌지 생각해봐야 한다. 가끔 고객들이 경쟁사는 잘 대응을 하는데 당사는 못한다고 이야기하는 경우가 있다는 이야기를 듣는다. 이렇게 해서는 안된다. 오히려 그들의 요구를 우리가 먼저 파악해 내고 그것을 부가가치로 바꾸어 가는 일들로 바꾸어 가야 한다. 앞으로는 고객의 요구를 '못한다', '어렵다'가 아니라 '할 수 있다'로 바꿔가는 것이 중요하다. 이런 작은 차이가 회사를 비전이 있는 회사로 성장시켜 줄 것이다.

Let's F.L.Y STEMCO!

당사는 2025년이면 창립 30주년이 된다. 창립초기 TAB를 생산해서 시장의 니즈에 맞추어 1-Metal COF를 양산하고, 세계 최초로 2-Metal COF를 개발하여 시장을 리드하였고, 지속적인 혁신활동과 AI 기술 도입 등 제조·기술 경쟁력을 기반으로 성장을 거듭해 왔다.

최근 VISION 2030 선포를 시작으로 신제품 양산화 개발을 선도하고 있으며, 사업 다각화 전략의 일환으로 신사업 양산을 앞두고 있다.

VISION 2030!은 2030년 매출 1조원 미션과 함께 Let's F.L.YFocus on Innovation, Lead Technology, Yearn for Best 의미로써, 목표 달성을 위해 ▲경쟁우위 제고를 통한 사업구조 개혁 ▲고객의 다변화된 니즈를 충족시키는 신시장·신사업 발굴 강화 ▲선제적 인재육성 소통과 창의의 조직문화 구축 ▲사회적 책임의식 강화를 통한 원칙준수 문화 정착이라는 4대 전략과 12대 핵심 과제를 추진 중에 있다.

끝으로 필자는 기업에서 혁신활동은 회사의 미래 비전 달성에 있어 초석이 되며, 혁신이 경영성과에 기여하지 못하면 의미가 퇴색된다고 생각한다. 그래서 혁신이 성공하기 위해서는 회사의 조직원 전체가 문제의식과 실행력을 기반으로 지속적인 변화와 혁신을 준비하는 만큼 회사는 경영위기를 극복하고 성장할 수 있다는 확신을 가지고 있다. 따라서 당사의 조직문화에 뿌리내리기 위해서 현장경영과 임직원과 소통을 통한 인식의 변화와 체질화 활동을 계속해 나아갈 것이다. 또한 최근 산업안전이 사회적 이슈가 되고 있으며, 기업에 있어 안전은 경영의 최우선의 경영가치로써 국내 중소·중견기업 산업발전에 기여하고자 한다.

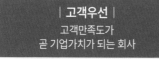

전자부품기술력 **SAMSUNG ELECTRO-MECHANICS** + **'TORAY'** 화학기술력

Since 1995

첨단기술로 미래를 창조하는 기업

STEMCO

Samsung Toray Electro Mechanics COmpany

| 고객우선 |
고객만족도가
곧 기업가치가 되는 회사

| 미래시장 주도 |
혁신을 거듭하며
최첨단 기술을 선점하는 회사

| 따뜻한 회사 |
앞만 보며 달려가기보다
손에 손을 잡고 함께 뛰는 회사

| 처음정신 |
세계 TOP TCP 필름회사를 향한
스템코의 열정과 집념

≫ 제품 공급망(SCM)

STEMCO

- 스템코 본사 ┃ (28122) 충청북도 청주시 흥덕구 옥산면 과학산업4로 79-44
  www.stemco.co.kr